ALBERT EINSTEIN

ALBINO ARENAS GÓMEZ

ISBN: 84-9764-583-9
Depósito legal: M-25113-2005

Colección: Grandes biografías
Título: Albert Einstein
Autor: Albino Arenas Gómez
Coordinador general: Felipe Sen
Coordinador de la colección: Juan Ernesto Pflüger
Diseño de cubierta: Juan Manuel Domínguez
Impreso en: Artes Gráficas Cofás

IMPRESO EN ESPAÑA – PRINTED IN SPAIN

A mis hijos Paula, Álvaro y Guillermo.

PRÓLOGO

Cuando el profesor Arenas me propuso prologar este libro sobre la vida y la obra de Albert Einstein, no lo dudé un momento y acepté hacerlo. Nunca antes había prologado un libro que no fuese mío y, cuando me puse a ello recordé la costumbre de Mozart de escribir (algunas veces incluso horas antes de su estreno) la obertura, después de tener concluida la ópera, de modo que le pedí una copia del manuscrito, lo leí con mucho detalle casi de un tirón y me puse a la tarea.

Desde hace mucho tiempo sabía del interés del profesor Arenas por la figura del, sin duda, científico más importante del siglo XX, sobre el que había acumulado una extensa bibliografía a lo largo de muchos años, que le ha convertido en una autoridad en Einstein, al menos en el mundo hispanohablante. Quisiera recordar aquí que fue él quien tradujo al español el último escrito científico de Einstein sobre la *Teoría generalizada de la gravitación*. Fruto de este profundo conocimiento es el libro que ahora tiene el lector en sus manos.

La lectura de la biografía de un científico, (aunque se trate de un genio como es Albert Einstein y es relativamente extensa) no parecería a priori una labor gratificante para aquellos lectores con pocos conocimientos científicos. Mas no debe arredrarse el lector en este caso, pues el autor de la biografía no sólo nos informa de los momentos importantes en la vida del científico, como corresponde a toda biografía, sino también de sus importantísimos logros científicos que, en su momento y para la posteridad, traspasaron el ámbito de lo meramente científico. Y lo hace con una amenidad que no suele encontrarse en el subgénero de las biografías de científicos. El libro se lee con suma facilidad y cada capítulo invita a leer el siguiente, de modo que el libro se lee como una novela en la que cada vez nos vamos interesando más en lo que le va a ocurrir al personaje en los capítulos siguientes.

La lectura del quinto capítulo *El annus mirabilis* me ha hecho reflexionar sobre las características del genio científico. En un período muy breve (un año), Einstein publica su tesis más cuatro artículos que cambiaron para siempre la visión que hasta entonces tenía el hombre del universo. ¿Cómo pudo ocurrir?

Las grandes revoluciones científicas, entre las que se encuentran las producidas por los trabajos de Einstein de ese año, se deben a un reducido número de genios que no siguen necesariamente las grandes corrientes del pensamiento científico de su época; más bien se apartan de ellas, sin renunciar del todo a la tradición científica establecida, y se dejan llevar por su intuición y, sobre todo, por una nueva manera de ver las cosas que constituye una curiosa mezcla de pensamiento original y de desarrollo de nuevas herramientas para abordar los problemas que se han planteado. El caso de Einstein recuerda, en algún aspecto, el del premio Nobel de Economía de 1994, John F. Nash, quien recibió el premio por una serie de trabajos sobre la teoría de los juegos no cooperativos escritos cuarenta años antes de la concesión. El aspecto común al que me refiero, aparte de la tardanza en la concesión del Nobel a ambos, es el de un pensamiento original e independiente para abordar problemas nuevos o no resueltos satisfactoriamente.

También ha sido para mi una revelación la lectura del capítulo decimosegundo sobre la relación de Einstein con España. Sabía de su paso por la Real Academia de Ciencias Exactas, Físicas y Naturales en 1923, dos años después de recibir el premio Nobel de Física por su teoría sobre el efecto fotoeléctrico, y que durante esa visita le fue entregado el diploma de Académico correspondiente extranjero en una sesión solemne presidida por el Rey Alfonso XIII en la que Cabrera le dijo que «la España científica que hoy encontráis en embrión inicia el camino para llegar al lugar que tiene el inexcusable deber de ocupar». Esta visita que le llevó a la casa de Cajal, gravemente enfermo, constituyó un homenaje a los científicos españoles de la época. Ignoraba yo, sin embargo, lo probable que pudo ser, pero que finalmente no fue por los distintos avatares históricos, que Einstein se hubiese quedado en nuestro país como catedrático de la Universidad Central, con las posibilidades que esto hubiera supuesto para el desarrollo de la física teórica de nuestro país.

Este libro va dirigido a cualquier lector que sienta interés o curiosidad por la figura de Einstein. Su lectura no precisa formación en matemáticas o física. No aparecen fórmulas en él, salvo la legendaria $E = mc^2$, que sobrepasa el ámbito científico y ya forma parte de la cultura no solamente científica sino popular.

De todas formas, como la separación entre la vida y la obra de Einstein conduciría a una visión parcial de este genial científico, el autor ha incluido al final del libro tres apéndices en los que ha pretendido explicar, de forma sencilla, algunas ideas de la famosa Teoría de la Relatividad.

Francisco Javier Girón González-Torre
Académico de número de la Real Academia de Ciencias Exactas, Físicas y Naturales

AGRADECIMIENTOS

Deseo expresar mi reconocimiento al académico y catedrático de Universidad Dr. Francisco Javier Girón González-Torre, por su gentileza al aceptar amablemente la tarea de escribir el prólogo de este libro. Asimismo, quiero manifestar mi agradecimiento a la profesora Dra. Mª Teresa González Manteiga de la Universidad Complutense de Madrid y a los siguientes profesores de la Universidad Politécnica de Madrid: Dr. Álvaro Vitores González, Dra. Ester Ruiz Morales y Dña. Soledad Ruiz Morales por su ayuda desinteresada; a la filóloga de la Universidad Autónoma de Madrid, Dña. Paula Arenas Martín-Abril, no sólo por la revisión esmerada del original, sino también por sus valiosas sugerencias; y al Dr. Felipe Sen Montero, al profesor D. Andrés Arenas Gómez y a la bibliotecaria de la EUITI de la Universidad Politécnica de Madrid, Dña. Julia Serrano Domingo, por su ayuda bibliográfica. Finalmente, a mi familia, especialmente a mi mujer, Isabel, por su paciencia durante el período de elaboración de este libro.

Al lector le quedaré agradecido si después de leer esta obra me envía su opinión o cualquier sugerencia acerca de su contenido a albino.arenas@upm.es.

EL AUTOR

I. LOS PRIMEROS PASOS (1879-1893)

Nació Albert Einstein el 14 de marzo de 1879 en Ulm (Alemania) en la Bahnhofstrasse, 20, residencia de los Einstein. Sus padres, Hermann Einstein y Pauline Koch tenían 32 y 27 años de edad, respectivamente, y se habían casado tres años antes. A los dos años del nacimiento de Einstein nació la única hermana de Einstein: Maja.

No se conserva la casa natal de Einstein, pues fue destruida en un bombardeo durante la Segunda Guerra Mundial, pero, en su honor, una calle lleva su nombre: Einsteinstrasse. El nombre de la calle fue cambiado en 1933 con el gobierno de Hitler, aunque fue restaurado su nombre original tras la derrota alemana en la Segunda Guerra Mundial. Einstein comentaría más tarde, en 1946, que el nombre de la calle debería ser el de Veleta, refiriéndose humorísticamente a los sucesivos cambios de nombre.

Al año siguiente del nacimiento de Albert la familia se trasladó a Múnich. Parece que el hermano de Hermann Einstein (padre de Albert) había influido en la decisión. Se llamaba Jakob y era ingeniero e inventor. Había ideado un nuevo tipo de dinamo y se asoció con Hermann Einstein para instalar una fábrica de material eléctrico en Múnich. En aquella época comenzaba la industrialización eléctrica. El año anterior al nacimiento de Albert Einstein se había inventado la bombilla eléctrica.

Inicialmente el negocio fue bien, pero no habrían de transcurrir muchos años para que empezaran a notar los efectos de la competencia comercial de varias empresas (como Siemens y AEG).

El padre de Albert era un hombre de talante optimista y alegre, características que conservaría incluso durante las épocas de crisis económicas que atravesó. La madre de Albert era una mujer muy sensible y aficionada a la música. Disfrutaba tocando el piano, y era especialmente aficionada a Beethoven. Trató de inculcar su sensibilidad musical a su hijo, que recibió clases de violín desde los seis años hasta los catorce. Aunque al principio el niño lo percibía como una obligación, pronto se fue desarrollando en él un amor por la música que le acompañaría el resto de su vida. Incluso cuando en sus últimos años abandonó el violín, se mantuvo fiel a la música y practicaba tocando el piano.

Le gustaba interpretar sobre todo a Mozart. Llegaría así a ser característica la imagen de Einstein viajando por el mundo entero siempre acompañado de su violín, hasta el punto de que en un discurso ofreció a la audiencia terminarlo con una interpretación suya de violín, porque les resultaría más divertido escucharle tocar el violín que el resto del discurso. Y así fue.

No sólo influyó en Einstein su madre, pues su padre, Hermann Einstein, también lo hizo. Era aficionado a la literatura y le gustaba sobre todo, Schiller y Heine. Einstein siempre mantuvo una especial predilección por Heine, recordando, sin duda, las lecturas de su padre para toda la familia cuando él era un niño. Además Hermann Einstein estaba bien dotado para las matemáticas, aunque sólo pudiera demostrarlo en la enseñanza media, porque no tuvo acceso a los estudios universitarios.

Se ha generalizado la leyenda de que Einstein fue un niño torpe en la escuela, sin embargo, no fue esa la realidad, aunque no fuera un alumno brillante. Es cierto que tuvo dificultades para comenzar a hablar y Einstein recordaría más tarde, en 1954 a un año de su muerte, que sus padres estaban muy preocupados por ese tema, y que incluso llegaron a consultar a un médico. Afirma que no sabe la edad que tenía, pero que ya había cumplido los tres años. Sobre ese tema, su hermana Maja escribiría en una biografía sobre Einstein en 1924: «Se desarrolló lentamente en la infancia, y tuvo tanta dificultad con el habla, que los que le rodeaban temían que nunca aprendiera a hablar»[1].

Maja, la hermana de Einstein, que siempre se llevó muy bien con él, habló en varias ocasiones sobre su hermano, el genio. Este hecho nos ha dado la oportunidad de conocer ciertos detalles sobre la vida de Einstein. Lo describe como tranquilo y sosegado en la época infantil, aunque alguna vez perdiera la paciencia, como cuando un día, irritado, le arrojó un bolo. Sin embargo, aquella conducta fue un hecho puntual, que a partir de los siete años no volvería a repetirse. Los dos hermanos disfrutaron de una infancia común, y también pasarían juntos los últimos años. Maja se trasladaría a vivir con su hermano en Estados Unidos en 1939, donde permanecerá hasta su muerte en 1951.

---

[1] Einstein, Maja: *Albert Einstein, Beitrag für sei Lebensbild*, 1924. Archivos de Princeton. Incluida posteriormente en *The Collected Papers of Albert Einstein*, vol. 1, The Early Years: 1879-1902, Anna Beck (Translator) and Peter Havas (Consultant), con el título: *A Biographical Sketch*. Princeton University Press, Princeton, New Jersey, 1987, p. XVIII. © by The Hebrew University of Jerusalem.

A Einstein no le gustaban los ejercicios físicos, y esta actitud la mantuvo a lo largo de toda su vida. Años más tarde confesaría que era demasiado perezoso para hacerlos y que sólo disfrutaba con la navegación a vela. Claro que esa afición también la justificaría como una forma de evadirse de la persecución agobiante a que era sometido por periodistas y curiosos, cuando su fama se extendió de los círculos científicos a los populares. Esto sucedió a partir de 1919, con la confirmación experimental de su predicción de la desviación de los rayos de luz al pasar cerca del Sol. En el pequeño yate que poseía, decía sentirse a salvo y poder reflexionar sin temor de ser interrumpido sobre los problemas científicos que le preocupaban constantemente.

Una de las características de Einstein durante toda su vida fue el rechazo absoluto a cualquier tipo de dictadura o tiranía, y es posible que ese rasgo de su personalidad se forjara en su infancia. Se cuenta que desde pequeño compadecía a los soldados que desfilaban por las calles de Múnich, en contraste con los demás niños que disfrutaban de las marchas y sonido de la música militar.

Esta desconfianza que experimentó siempre hacia todo tipo de autoridad le haría comentar muchos años más tarde: «Para castigarme por mi desprecio de la autoridad, el destino me convirtió a mí mismo en una autoridad»[2].

El colegio al que asistió en Múnich era un colegio público, mayoritariamente católico, y Einstein, a pesar de ser de familia judía, no pareció sentirse a disgusto en él. Así que ése no era el motivo de que no se integrara con sus compañeros. Einstein era posiblemente un niño diferente que además no participaba en los juegos colectivos. Albert Einstein fue un niño solitario.

El resto de su vida seguirá siendo un hombre solitario en diversos aspectos. Incluso así se definió él mismo. Nunca formó una escuela de investigación ni dirigió una tesis doctoral. Tal vez fue el último ejemplo del mito del sabio solitario, distraído y genial.

Así continuó su aprendizaje elemental sin que nada hiciera presagiar el potencial que más tarde desarrollaría. Más aún, su hermana escribió: «En esa época no se apreciaba nada de su especial aptitud para las matemáticas; él no era bueno en aritmética, en el sentido de ser rápido y preciso, aunque era seguro y perseverante»[3].

---

[2] Hoffmann, Banesh: *Einstein*, Salvat, Barcelona, 1984, p. 33.
[3] *The Collected Papers of Albert Einstein*, vol. 1, The Early Years: 1879-1902, Anna Beck (Translator) and Peter Havas (Consultant), Princeton University Press, Princeton, New Jersey, 1987, p. XIX. © by The Hebrew University of Jerusalem.
La traducción de esta cita, así como la de todas aquellas cuya primera referencia en el libro no sea española, ha sido realizada por el autor.

Aunque Einstein no obtuviera calificaciones bajas en el colegio, distaba mucho de ser un alumno brillante, y desde luego no era el niño prodigio que han sido otros genios de la ciencia. No admite comparación, por ejemplo, con el niño prodigio que fue el gran matemático de los siglos XVIII y XIX, Carl Friedrich Gauss, quien a los tres años ya corregía las cuentas de su padre relativas a los salarios. Einstein, por el contrario era lento, muy reflexivo, dubitativo, raro. A los siete años repetía con sorpresa las frases que le decían las personas mayores. Y para abundar más en las divergencias entre uno y otro, digamos que Gauss tenía tanto talento para los idiomas, que dudó entre estudiar filología o matemáticas. A Einstein, por el contrario, le disgustaban los idiomas. En ellos obtenía las peores calificaciones. Llegó a decir que detestaba aprender nuevos idiomas. Curiosamente, Gauss ya había previsto la existencia de geometrías no euclídeas, que serán utilizadas por Einstein en la relatividad general.

Sea como fuere, Pauline, la madre de Einstein, estaba orgullosa de las calificaciones que había recibido su hijo en 1886. Tenía Einstein, pues, siete años. En una carta dirigida a su propia madre llega a decir que su pequeño Albert está situado entre los primeros de la clase.

En este sentido, dicen Highfield y Carter humorísticamente: «sus debilidades como estudiante de primaria constituyen una de las partes más seductivas de su leyenda: ello nos da esperanza al resto de nosotros»[4].

Durante toda su vida Einstein tuvo presentes dos sucesos de la infancia que nunca le abandonarían, y con los que experimentó lo que él llamaba «una maravilla o un asombro». El primero de ellos consistió en una brújula magnética que le regaló su padre. Pero oigamos describirlo al propio Einstein: «Una maravilla de esta clase la experimenté cuando era un niño de cuatro o cinco años y mi padre me enseñó una brújula. [...] Todavía puedo recordar, o al menos creo que puedo, que esta experiencia me produjo una profunda y duradera impresión. Detrás de las cosas tenía que haber algo profundamente escondido»[5].

Según su biógrafo Carl Seelig «Albert recordaría siempre muy vivamente [la brújula], pues tal objeto lo tuvo maravillado»[6].

---

[4] Higfield, Roger and Carter, Paul: *The Privates Lives of Albert Einstein*, Faber and Faber, London, 1993, p.15. Existe traducción al español: *Las vidas privadas de Einstein*, Espasa Calpe, Madrid, 1996.

[5] Einstein, Albert: *Autobiographical Notes* (1ª ed. 1949), ed. Paul Arthur Shilpp. Open Court Publishing Company, La Salle and Chicago, Illinois, 1979, p. 9. Existe traducción española: *Notas autobiográficas*, Alianza Editorial, Madrid, 1984.

[6] Seelig, Carl: *Albert Einstein*, Espasa Calpe, Madrid, 1968, p.15.

El segundo asombro o maravilla que experimentó Einstein fue de naturaleza muy diferente, y se refiere al que luego denominaría siempre como el «sagrado» librito de geometría que cayó en sus manos al comienzo de un curso escolar cuando tenía 12 años, y que trataba de geometría euclídea del plano. Pero antes su tío Jakob le había hablado del teorema de Pitágoras, y, para asombro de su tío, Einstein fue capaz por sí solo de demostrarlo. En el proceso se puede apreciar uno de los rasgos que se han considerado característicos de su genio científico, lo que él llamaba «pensar» en función de «imágenes».

Esta forma de pensar de Einstein algunos la relacionan con su dificultad para empezar a hablar. Interrogado por Max Wertheiner, uno de los fundadores de la Psicología de la Gestalt y amigo de Einstein, sobre sus pensamientos en torno a la Teoría de la Relatividad le contestó: «Tales pensamientos no se me presentaban mediante palabras. Muy pocas veces pienso en función de palabras».

Ya en sus *Notas autobiográficas* analiza Einstein lo que él entiende por «pensar» y habla de imágenes para formar un concepto, sin necesidad de palabras. Luego añade: «[...] No tengo duda de que nuestro pensamiento transcurre la mayor parte sin uso de signos (palabras)».[7]

El interés de Einstein por la física y las matemáticas parece que fue debido a un amigo de sus padres, Max Talmey, estudiante de medicina, y al libro de geometría que hemos mencionado.

Después de la enseñanza primaria, Einstein pasó al instituto (*Luitpold Gymnasium*) de Múnich, donde los estudiantes permanecían desde los 10 a los 18 años, y donde él pasó una época desgraciada.

Sobre esa etapa escolar, recuerda Einstein, en 1955, que como alumno no fue ni muy bueno ni muy malo, y que su punto más débil era su mala memoria, sobre todo cuando tenía que recordar fechas y textos. Su profesor de griego ha pasado a la inmortalidad porque llegó a decirle que nunca llegaría a nada. Maja, la hermana de Einstein, asentiría humorísticamente con esa apreciación diciendo que, efectivamente, su hermano nunca obtuvo una cátedra de gramática griega. Pero en matemáticas, física y filosofía superaba el plan oficial de estudios debido a su esfuerzo.

No le gustaba el método que utilizaban, le resultaba demasiado rígido, y la férrea disciplina le recordaba el régimen militar. Llegó a decir: «Los maestros de la escuela elemental me parecían sargentos y los del instituto, tenientes».[8] Ya manifestaba la fobia a las lenguas.

[7] Einstein, Albert: *Autobiographical Notes, op. cit*, p. 7.
[8] Frank, Philipp: *Einstein*, José Janés Ed., Barcelona, 1949, p.18.

Odiaba especialmente el aprendizaje memorístico de las lenguas. Solamente un profesor le hacía llevadera su permanencia allí, porque trataba de inculcarles amor por la cultura clásica y el aprendizaje de latín y griego. Según relata Philipp Frank[9], el recuerdo que guardaba Einstein de su profesor era tan agradable que años después, cuando era un joven profesor en Zúrich y pasó por Múnich, decidió visitarlo, pensando que le daría una alegría. Para su desconsuelo, el profesor no le reconocía y mostraba desconfianza hacia aquel personaje que se había introducido en su casa. Posiblemente el aspecto externo que presentaba Einstein no invitaba a otra cosa, ya que fue siempre muy informal en el vestir. Al percatarse Einstein de la situación se despidió rápidamente.

Sobre este aspecto de la indumentaria, Einstein comentaría a un amigo durante los años 20: «Ni me gustan las ropas nuevas, ni las nuevas clases de comidas. No aprendería lenguas nuevas»[10]. De todas formas hay que decir, en honor a la verdad, que después de decir esto, tuvo que aprender una lengua nueva que además tendría que emplearla los últimos 22 años de su vida: el inglés. Si a eso unimos que hablaba alemán y francés y además había estudiado italiano, estamos en presencia de un deseo de Einstein que nunca se cumplió.

En su etapa escolar atravesó una época de gran fervor religioso. Incluso reconoció haber compuesto himnos de alabanza a Dios que cantaba de camino a la escuela. Más tarde reconocería a un médico amigo suyo, el Dr. Hans Mühsam, que si hubiera nacido en Rusia en una familia de judíos pobres, habría terminado siendo rabino en algún lugar de Siberia. Sin embargo, esta etapa terminó de forma abrupta a la edad de doce años, según confiesa el propio Einstein en sus *Notas autobiográficas*: «Mediante la lectura de libros científicos populares, pronto alcancé la convicción que muchas de las historias de la Biblia no podían ser verdad. La consecuencia fue un librepensamiento positivamente fanático [...]».[11]

Curiosamente, la palabra Dios será la que Einstein repetirá más frecuentemente en sus argumentaciones científicas. Sobre su creencia en Dios explicará que él cree en el «Dios de Spinoza», que se manifiesta en el orden y armonía del universo, pero no en un Dios personal que intervenga en las disputas de los hombres[12]. Spinoza fue un filósofo holandés de origen judeo-español del siglo XVII.

---

[9] *Ibíd.*, p. 19.
[10] Pais, Abraham: *El Señor es sutil... La ciencia y la vida de Albert Einstein*, Ariel, Barcelona, 1984, p. 31. Recogido de Salaman, E.: *Encounter*, abril, 1979, p. 19.
[11] Einstein, Albert: *Autobiographical Notes, op. cit*, pp. 3-5.
[12] Sobre este tema puede consultarse el libro de Antonio F. Rañada, *Los científicos y Dios*, Biblioteca Básica Nobel, Ediciones Nobel, Oviedo, 1994, p.19.

II. ADOLESCENCIA (1894-1900)

En 1894, cuando Albert contaba 15 años, la fábrica de su padre y su tío atravesaba dificultades; razón por la que decidieron trasladarse a Pavía, cerca de Milán, en Italia. Consideraron conveniente que Albert terminara aquel curso en el instituto, antes de reunirse con ellos en Milán. Y aquí surgió el conflicto. Al joven Einstein la vida se le hacía insoportable en Múnich. Él solo y sin integración en el instituto.

Reconoció años más tarde que su mala retentiva en el instituto le creaba problemas. En cambio, solía hacer preguntas en clase, que no parecían ser del agrado de sus profesores, lo que, dada la personalidad de Albert, podemos suponer que pondrían en apuros a sus profesores o cuestionarían las reglas impuestas en el instituto. El ambiente se hacía tan desagradable que un profesor le comunicó a Einstein que debía abandonar el instituto. Al contestar Einstein que él no había hecho nada malo, el profesor le replicó: «Tu mera presencia hace que la clase no me respete»[1]. En resumen, se creó una situación tal que Albert tomó la determinación de abandonar Múnich y reunirse con su familia en Milán, a pesar de que él sabía lo importante que sería mantenerse hasta el final del curso y superar los exámenes. Por ello, consiguió un certificado médico que le diagnosticaba una depresión nerviosa y, que por razones de salud, debía cambiar de aires y reunirse con su familia. Y al mismo tiempo, también logró un certificado de su profesor de matemáticas de que tenía una buena formación en esa rama, suficiente para el ingreso en cualquier institución superior.

De modo que Einstein se trasladó con sus padres a Italia y comunicó a su padre su deseo de renunciar a la ciudadanía alemana, lo que le acarreó vivir cinco años siendo apátrida.

---

[1] Es citada repetidas veces esta frase. Puede encontrarse, por ejemplo, en Hoffmann, Banesh: *Einstein*, Salvat, Barcelona, 1984, p. 34 y en Frank, Philipp: *Einstein*, José Janés Ed., Barcelona, 1949, p. 25.

Reconocería en 1933, que la mentalidad militar que observaba en Alemania no «iba con él». Además, Einstein quería evitar el servicio militar.

Unido a esto hay que señalar que el negocio de su padre no marchaba excesivamente bien, y llegó a decirle que se fuera preparando para ganarse la vida, porque tal vez no pudiera seguir manteniéndolo. Mientras Albert, que se debatía entre la física y las matemáticas, se preparaba para ingresar en la prestigiosa Escuela Técnica Federal Suiza de Zúrich, ETH (Eidgenössische Tehnische Hochschule) de Zúrich, (popularmente, la Politécnica) de habla alemana. Al no tener el diploma del instituto, necesitaba realizar un examen si quería ingresar directamente.

Se suele asociar a Einstein con la idea de rigor matemático, y en este sentido puede resultar paradójico lo que él pensaba sobre el valor didáctico de los libros, ya que decía haber tenido la fortuna de haber estudiado en libros que sacrificaban el rigor matemático, frente a la claridad en la exposición de las ideas básicas. De esa forma llegó Einstein a conocer en esa época los fundamentos del cálculo diferencial e integral.

Desafortunadamente no superó el examen de ingreso; sin embargo, su examen de matemáticas fue el mejor de todos los candidatos. Pero de nuevo aquellos problemas que había tenido siempre con las asignaturas basadas en la memoria, como botánica y zoología, y, cómo no, su fobia por las lenguas desequilibraron la balanza y sus resultados en esas materias no pudieron ser compensados con los de matemáticas.

A pesar de todo, en la Politécnica habían tomado buena nota de aquel alumno tan brillante en matemáticas, hasta tal punto que se tomaron el interés, personificado en su director, de orientar a Einstein. Le dijeron que se matriculara en la vecina escuela cantonal de Aarau situada a unos 32 km al oeste de Zúrich durante un año. Si conseguía el diploma podría ingresar directamente en la Politécnica.

Es de suponer que en la mente del joven Einstein, desilusionado por su fracaso en el examen, aparecería toda la experiencia negativa que acababa de dejar atrás en Múnich. Tenía que volver a matricularse en una escuela media cuando él soñaba con entrar en una de la escuelas politécnicas más prestigiosas del mundo. Sin embargo, por esta vez, obedeció sin cuestionar el consejo. Y nunca se arrepintió. Recordaría siempre con gran afecto su estancia en aquella escuela de Aarau.

Einstein reconocería más tarde que su estancia en Aarau fue una de las épocas más felices de su vida. Veamos qué sucedió.

En octubre de 1985 comenzó su asistencia a la Escuela Cantonal de Aarau. Se acababa de matricular en la sección técnica como alumno de tercer curso. Allí empezó su sorpresa; una sorpresa muy agradable. No imperaba la disciplina rígida que él odiaba, sino que, para su satisfacción, los profesores fomentaban la creatividad y el interés de los alumnos. Aquello era un mundo nuevo y muy agradable para Einstein. Incluso en la foto de la promoción del curso, se puede ver a Einstein contento, integrado, seguro de sí mismo y un poco engreído.

Se alojó en casa de Jost Winteler, a quien denominaría con gran cariño «papá Winteler». Por si esto fuera poco, la hermana de Einstein, Maja, se casaría con uno de los hijos de «papá Winteler». Para más coincidencias, otro de los grandes amigos de Einstein, Michele Besso, se casaría con una de las hijas de Jost Winteler. Finalmente, citemos la última coincidencia. Parece que también Einstein encontró en Aarau el amor, su primer amor. Se trataba de Marie Winteler, la más bella de las hijas de Jost Winteler. Se conserva una carta de Einstein dirigida a ella, en la que se encuentra el tono tierno y amoroso de un enamorado de diecisiete años: «Muchas muchas gracias por tu encantadora cartita, que me hizo inmensamente feliz. [...]. Solamente ahora comprendo lo imprescindible que mi querido rayo de luz ha sido para mi felicidad [...]. Tú significas más para mi alma que lo que todo el mundo significó antes [...]»[2].

Las cartas de Marie también expresan sentimientos similares: «[...] Finalmente me sentí feliz [...] algo que solamente tus queridas cartas consiguen [...]. Me gustaría [...] decirte cuánto te amo [...]»[3].

Parece que Einstein se sentía «fascinado por Marie»[4]. Einstein pasaba la mayor parte del tiempo en Aarau estudiando, y el carácter de Marie era muy apropiado para procurarle distracción y relajamiento de sus estudios. Ambos compartían, además, la misma pasión por la música. Marie tocaba el piano, Einstein el violín y a menudo formaban dúos.

Hubiera sido un matrimonio que habría contado con la aprobación de los padres de ambos, cosa que no ocurrió con la primera mujer de Einstein, Mileva, ya que casi tuvo que esperar Einstein la muerte de su padre para recibir su aprobación a la boda, y la oposición de su madre era manifiesta.

---

[2] Higfield, Roger and Carter, Paul: *The Privates Lives of Albert Einstein*, Faber and Faber, London, 1993, p.24. Existe traducción al español: *Las vidas privadas de Einstein*, Espasa Calpe, Madrid, 1996.

[3] *The Collected Papers of Albert Einstein*, vol. 1, The Early Years: 1879-1902, Anna Beck (Translator) and Peter Havas (Consultant), Princeton University Press, Princeton, New Jersey, 1987. p. 30. © by The Hebrew University of Jerusalem.

[4] Higfield, Roger and Carter, Paul: *The Privates Lives of Albert Einstein, op. cit.*, p. 25.

No se sabe cuándo terminó exactamente este romance, aunque por las cartas que se conservan no debió de ser antes de diciembre de 1896 o principios de 1897[5]. Parece que fue Einstein quien lo puso término, para desconsuelo de su madre Pauline, que incluso mantenía correspondencia con Marie. En septiembre de 1896, Einstein finalizaba sus exámenes en Aarau y tendría que ir a estudiar a Zúrich.

De todas formas, como si hubieran estado de acuerdo, ambos declararían más tarde lo mismo sobre este asunto. Por ejemplo, Einstein diría que había sido un romance completamente ideal, y Marie se expresaría en términos parecidos: «Nos amábamos fervientemente, pero era un amor completamente ideal»[6].

Sin embargo, algo había quedado en el corazón de Einstein, porque cuatro años más tarde, en septiembre de 1899, él reconoció a Mileva, la que sería su mujer en 1903, hablando de Marie: «Estuve locamente enamorado hace cuatro años [...]. Si la viera unas pocas veces más me volvería loco»[7].

A pesar de ello, el destino de ambos ya fue completamente diferente. Pero, aún así, sus caminos se volvieron a cruzar. Fue Marie la que inició el contacto. Ocurrió en los años cuarenta. Ya contaban ambos con más de sesenta años de edad, y Einstein era una celebridad mundial. Marie vivía entonces en Zúrich y le pidió ayuda para emigrar a los Estados Unidos. Einstein ya había ayudado a mucha gente. No sabemos lo que pasó, solamente que Marie permaneció en Suiza hasta el final de su vida en 1957, dos años después de la muerte de Einstein.

Pero sigamos con Einstein en Aarau en 1896. Aprobó en septiembre el tercer curso en que se había matriculado con las siguientes calificaciones (sobre un máximo de 6): en física, álgebra, geometría (trigonometría y geometría analítica), geometría descriptiva e historia obtuvo la máxima calificación, 6 (equivalente a 10 sobre 10); en lengua alemana y literatura, francés, italiano, química e historia natural obtuvo un 5 (equivalente a 8,3 sobre 10); y, finalmente, la calificación más baja, 4 (equivalente a 6,7 sobre 10), la obtuvo en las siguientes asignaturas: geografía, dibujo artístico y dibujo técnico. Así que la nota media es de 5,2 (equivalente a 8,6 sobre 10).

---

[5] Se conserva una carta de Pauline Einstein a Marie Winteler (*The Collected Papers of Albert Einstein*, vol. 1, *op. cit.*, pp. 31-32) hablándole de Albert, lo que hace suponer que en esa fecha aún se mantenía el romance.

[6] Higfield, Roger and Carter, Paul: *The Privates Lives of Albert Einstein*, *op. cit.*, p.25. Tomado de una carta de Marie Müller-Winteler, Einstein archive, Boston, 71-183-5.

[7] Higfield, Roger and Carter, Paul: *The Privates Lives of Albert Einstein*, *op. cit.*, p.31. Recogido de Renn, Jürgen, & Schulmann, Robert, eds. 1992: 16 (September 1899), Albert Einstein/Mileva Maric, *The Love letters*, Princeton University Press, Princeton.

El diploma está fechado el 3 de octubre de 1896. Al fin tenía el título tan ansiado que le permitiría ingresar directamente, sin examen, en la Politécnica de Zúrich.

No se puede evitar una sensación de emoción al ver el boletín de notas de Einstein a la edad de 17 años.

Durante su estancia en Aarau resuelve también la duda que se le había planteado en Múnich, ¿física o matemáticas? Se inclina por la física y la ciencia entera queda favorecida, porque se revelaría acertada su elección. ¿En qué fundamentó tal elección? Pues la explicación de Einstein se basaba en que él creía poseer en física una intuición que le faltaba en matemáticas. Desde luego que esta intuición no tardaría mucho en manifestarse. No faltaban ni diez años.

El año en Aarau había sido fructífero en todos los sentidos. También había influido en un cambio sobre la idea de Einstein en relación con su futuro. No sabemos si influido por el ejemplo de Jost Winteler, que era profesor, Einstein había decidido estudiar para profesor en lugar de hacerse ingeniero.

En un trabajo de francés que tuvo que hacer para obtener el diploma en Aarau, que se titulaba «Mis planes para el futuro», el propio Einstein dice que supone que se convertirá en profesor de Física y Matemáticas de enseñanzas medias (*Fachlehrer*), y que optará por la parte teórica de dichas ciencias. Como razones indica: « [...] mi inclinación individual para el pensamiento abstracto y matemático, falta de imaginación y de sentido práctico»[8].

Había una sección en la Politécnica de Zúrich que le permitía realizar dichos estudios. Se ve que no tenía más ambición que el poder ganarse rápidamente la vida de una forma modesta, y había pensado que esa profesión era un buen medio para lograrlo. Al mismo tiempo, ello le permitiría dedicarse a sus pensamientos sobre la física. Más adelante se referirá a estas circunstancias. Dirá que es preferible tener una profesión que te permita ejercer libremente la actividad investigadora, que verte presionado a investigar por ser ésa tu profesión.

Ha sido citada muchas veces la respuesta que dio Einstein años después a la pregunta de cómo surgió la Teoría de la Relatividad. Siempre se refirió a la paradoja que se le planteó cuando a los 16 años (o sea, durante su estancia en Aarau) se preguntaba cómo vería una onda de luz un observador que se moviera a la velocidad de la luz.

Las leyes para dicho observador deberían ser las mismas que para el observador que se hallaba en reposo respecto de la Tierra, pensaba

---

[8] *The Collected Papers of Albert Einstein*, vol. 1, *op. cit.*, p. 17.

intuitivamente Einstein, porque: «¿Cómo podría saber o determinar el primer observador que se encontraba en un estado de rápido movimiento uniforme?»[9]

En esta pregunta se encuentra el germen de la Teoría de la Relatividad. Diez años tardó Einstein en resolver esta paradoja.

Su estancia en la Politécnica de Zúrich (cuatro años) no formaría parte de los buenos recuerdos de Albert. En sus *Notas autobiográficas* refiriéndose a sus estudios en la ETH diría: «[...] Uno tenía que meterse toda la materia en la cabeza para los exámenes, tanto si te gustaba como si no. Esta coerción tuvo tal efecto disuasorio sobre mí, que después de aprobar el examen final, encontré desagradable considerar cualquier problema científico durante un año entero»[10].

Einstein estaba muy interesado en los descubrimientos más recientes de la física y estudiaba las obras de Helmholtz, Kirchhoff, Hertz o las ecuaciones de Maxwell, de gran actualidad, pero que no figuraban en el programa de física de la Politécnica, lo que había supuesto para él una gran decepción. En consecuencia, dedicaba gran parte de su tiempo a estudiar estos temas por libre. Era famoso el café Metropole, donde se reunían muchos estudiantes, y allí acudía Einstein como lugar adecuado para pensar en sus cuestiones de física, mientras tomaba café helado. Desde entonces el nombre de este café ha pasado a la historia. Era frecuente en la Europa Central de aquellos años que la vida social se desarrollara intensamente en los cafés. Todo ello hacía que fuera imposible su asistencia a todas las clases de la ETH con regularidad. Naturalmente esto le ocasionó un gran problema a la hora de preparar los exámenes. Afortunadamente conoció e hizo gran amistad con un condiscípulo suyo llamado Marcel Grossmann, alumno meticuloso y ordenado. Esta amistad duraría toda la vida. A este amigo tuvo que recurrir Einstein para superar los exámenes. Le pidió los apuntes. Era un «estudiante modelo y se llevaba bien con todos los profesores» como dirá Einstein años más tarde en una carta emocionante dirigida a su viuda, cuando Grossmann murió prematuramente en 1936. La amistad que hicieron no sólo se circunscribió al ámbito humano sino también al científico. Grossmann se convirtió en un matemático de prestigio y a él recurriría Einstein de nuevo, años más tarde, cuando necesitó aprender las matemáticas más actuales para su teoría general de la relatividad. Llegaron a publi-

---

[9] Einstein, Albert: *Autobiographical Notes* (1ª ed. 1949), ed. Paul Arthur Shilpp. Open Court Publishing Company, La Salle and Chicago, Illinois, 1979, p. 51. Existe traducción española: *Notas autobiográficas*, Alianza Editorial, Madrid, 1984.
[10] *Ibíd.*, pp. 15-16.

car artículos conjuntamente en los que Grossmann se responsabilizaba de la parte matemática y Einstein de la física. Siempre guardó Einstein un sitio en su corazón para su buen amigo Marcel Grossmann, al que dedicaría su tesis doctoral, y que volvería a hacerle un favor al terminar los estudios cuando Einstein andaba deambulando sin rumbo buscando trabajo. «Fue lo más grande que hizo por mí», diría Einstein, pero para eso faltaban unos pocos años.

A pesar de la fama de físico teórico que tiene Einstein, él mismo manifiesta su interés por mantener contacto con los experimentos y declara que gran parte del tiempo de su estancia en la Politécnica de Zúrich lo pasaba en el laboratorio de física. De todas formas parece ser que tuvo ya alguna advertencia sobre su carácter autosuficiente por parte del profesor de física. Como consecuencia, Einstein perdió mucho interés por el laboratorio y fue amonestado por ello, como consta en la ETH de Zúrich.

Durante su estancia en Zúrich, Einstein recibía 100 francos mensuales de unos tíos suyos, que le permitían vivir sin necesidad, aunque sin grandes lujos. En aquella época la pensión completa (habitación más comidas) en Zúrich costaba entre 65 y 70 francos al mes. De los 100 francos, reservaba 20 cada mes para los gastos que le ocasionaría solicitar la ciudadanía suiza. Una vez obtenida nunca renunciaría a ella, ni siquiera cuando consiguió la ciudadanía de los Estados Unidos en 1940.

En la Politécnica conoció a Mileva Maric, estudiante de origen serbio con la que se casaría el 6 de enero de 1903. En aquellos años, la ETH de Zúrich era la primera institución universitaria europea, y probablemente del mundo, en contar con una mujer entre sus estudiantes.

Mileva era de carácter serio y algo huraño, muy diferente del de Einstein, que era sociable, simpático y con gran sentido del humor. Tal vez influyese el que era la única mujer en un mundo universitario lleno de hombres. Los padres de Einstein no veían con buenos ojos este noviazgo, y de hecho, Einstein se casaría con ella después de la muerte de su padre.

El curso de Einstein estaba formado por cinco estudiantes. Él no destacó especialmente, a no ser por su carácter independiente, rebelde y poco convencional.

De los cinco estudiantes de la promoción, una (Mileva Maric, futura mujer de Einstein) no se graduó al no aprobar el examen final para la obtención del diploma, y de los otros cuatro, Einstein ocupó la cuarta plaza por orden de expediente académico.

En agosto de 1900 obtuvo su diploma. Sus calificaciones no fueron las más brillantes, pero tampoco puede decirse que fueran malas. Sobre un máximo de 6 puntos, logró[11]:

1. Física teórica, experimental y astronomía, 5 (equivalente a 8,3 sobre 10).
2. Teoría de funciones, 5,5 (equivalente a 9,2 sobre 10).
3. Laboratorio de física, 5 (equivalente a 8,3 sobre 10)
4. Tesis de grado, 4,5 (equivalente a 7,5 sobre 10).

Es decir: una nota media de 5 sobre 6, es decir, un 8,3 sobre 10. Un notable. No llegaba a sobresaliente. Parece el sino de Einstein como estudiante. Notable alto pero no sobresaliente. La característica del genio no se manifiesta en los estudios académicos, parece ser.

Tuvo buenos profesores, reconocería más tarde en sus *Notas autobiográficas*, pero tal vez no supo sacar todo el provecho posible. Uno de los buenos profesores que tuvo fue Minkowski, de origen ruso y gran matemático, que más tarde se ocuparía de dotar a la Teoría de la Relatividad de una estructura matemática que se llama espacio de Minkowski. Pues bien, Minkowski no reparó especialmente en Einstein durante su etapa en la ETH. Grande fue su sorpresa cuando observó la eclosión fulgurante de Einstein en el panorama científico. Señaló que nada hacía presagiarlo.

A pesar de todo, en diciembre de ese mismo año, 1900, Einstein completa ya un trabajo de investigación, el primero de una vida dedicada a la investigación. Versaba sobre fuerzas intermoleculares y lo envió a la prestigiosa revista de física, *Annalen der Physik*, la misma que le publicará los artículos que lo lanzarán a la fama científica. Aunque Einstein diría posteriormente que el trabajo no valía mucho, significa su inicio en investigación y le sirve de entrenamiento para los que vendrán poco después.

[11] Pais, Abraham: *El Señor es sutil... La ciencia y la vida de Albert Einstein*, Ariel, Barcelona, 1984, p. 59 y también pueden consultarse: Kuznetsov, Boris: *Einstein. Vida. Muerte. Inmortalidad*. Editorial Progreso, Moscú, 1990, p. 40, y la referencia 3, p. 141.

III. EN BUSCA DE TRABAJO
(1901-1902)

El 21 de febrero de 1901 adquiere Einstein la ciudadanía suiza, para lo cual había estado ahorrando varios años, y que ya no abandonará nunca. En marzo se le declara inútil para el servicio militar suizo por tener los pies planos y varices en las piernas.

Sus tres compañeros de promoción obtuvieron puestos de ayudantes en la ETH, pero Einstein no, aunque él creía que también lo lograría. Su fracaso en esta ocasión lo atribuyó a sus problemas con el profesor de física. El mismo profesor que unos años antes le había animado a seguir estudiando, cuando suspendió el examen de ingreso en la Politécnica, y que se había ofrecido a aceptarle en sus clases de física si se quedaba en Zúrich. No sabemos cómo se habían enfriado sus relaciones con él. Más aún, se habían vuelto tan tirantes que en lugar de llamarlo «señor profesor Weber», en ocasiones lo llamaba «señor Weber», lo cual en aquella época era considerado una falta de respeto. ¿Era esto una prueba de ingratitud de Einstein hacia alguien que le había ayudado a poder ingresar en la Politécnica, cuando se debatía en un auténtico caos y no sabía que hacer con su vida? ¿Se había desencantado Einstein al no ver en el programa las ecuaciones de Maxwell tan admiradas por él? De todas formas parece que el programa de física sí recogía muchos de los descubrimientos técnicos de los últimos años. En cualquier caso, parece que a lo largo de su vida estudiantil gran parte de sus profesores se habían irritado con él por su actitud hacia la autoridad.

El hecho es que todos sus compañeros tenían ya encarrilado su futuro y, en cambio, Einstein se encontraba completamente perdido, no sabiendo qué rumbo dar a su vida profesional. Al terminar el año seguía sin trabajo.

No sabemos cómo habría sido su futuro de haber sido un estudiante más distinguido y haber obtenido su puesto de ayudante en la Politécnica. Hay quien opina[1], que no fue un estudiante distinguido debido a que sus

---

[1] Breithaupt, Jim: *Einstein, guía para jóvenes*, Lóguez Ediciones, Salamanca, 2001, p. 15.

ideas eran diferentes de las que se precisaban para ser un buen estudiante. Y que, tal vez, si hubiera conseguido un puesto de profesor en la Universidad, al que aspiró al graduarse en 1900, no habría elaborado los artículos que publicó en 1905 y que siguen siendo la admiración de la comunidad científica.

El 19 de marzo de 1901 Einstein escribe a Wilhem Ostwald profesor de la Universidad de Leipzig (Alemania), adjuntándole el artículo sobre las fuerzas intermoleculares que le habían publicado en *Annalen der Physik*: «[...] Me permito también preguntarle si podría dar empleo a un físico matemático [...]. No dispongo de medios y solamente una posición de esta clase me ofrecería la posibilidad de una educación adicional»[2].

Desesperada llamada de ayuda parece desprenderse del texto, pues va dirigida a una persona que ni siquiera conoce. Triste situación en 1901 del que será considerado uno de los mayores genios de la física del siglo XX y posiblemente de toda la historia de la física.

No consta que Einstein recibiera respuesta a su carta; pero lo que sí se sabe es que no consiguió el puesto.

Einstein envió el mismo trabajo a Kamerlingh-Onnes de Leiden (Holanda). Resultado: siguió sin encontrar trabajo.

Es entonces cuando asistimos a lo que podemos considerar un episodio emocionante en la vida de Einstein. Su padre, Hermann Einstein, actúa guiado por el amor de padre que ve a su hijo casi desesperado y con grandes dificultades para salir adelante. Aunque no tenía la formación universitaria de su hijo, ni se había movido nunca en aquellos círculos, se atrevió a mandar una emocionante carta a Ostwald sin que su hijo se enterara, el 13 de abril de 1901. En ella le dice que su hijo no sabe nada de esta iniciativa de su padre. Le habla de que su hijo siente que ha fracasado en su profesión aunque es muy estudioso, y que todavía está siendo una carga para sus padres. Le adjuntaba el artículo publicado por su hijo en *Annalen der Physik*, por ahora la única tarjeta de presentación que tenía en el mundo de la universidad:

«Por favor, perdone a un padre que es tan atrevido como para dirigirse a usted, estimado señor profesor, en interés de su hijo.[...]. Le pido [...] unas palabras de ánimo para que él pueda recuperar su gozo de vivir y tra-

---

[2] *The Collected Papers of Albert Einstein*, vol. 1, The Early Years: 1879-1902, Anna Beck (Translator) and Peter Havas (Consultant), Princeton University Press, Princeton, New Jersey, 1987, p. 159. © by The Hebrew University of Jerusalem.

bajar [...]. Si, además, pudiera conseguirle un puesto de ayudante ahora o para el próximo otoño, mi agradecimiento no tendría límites [...]. »[3].

Tampoco sabemos si esta carta obtuvo respuesta. Lo que sí sabemos es que Einstein siguió sin obtener el puesto.

Suponemos que Ostwald más tarde lo lamentaría al ver el emerger de Einstein en el panorama científico. Y ¿conservó Ostwald la carta a pesar de todo?

De cualquier manera Einstein y Ostwald estaban destinados a encontrarse; y no solamente a encontrarse, sino a mantener una relación muy cordial. De hecho, fue Ostwald, que había conseguido el premio Nobel de Química en 1909, el primero en proponer a Einstein como premio Nobel de Física en 1910. Le volvería a proponer en 1912 y 1913, y compararía la aportación de Einstein con la de Copérnico.

Uno no puede dejar de preguntarse si en sus conversaciones Einstein y Ostwald hablaron alguna vez de aquella petición de ayuda que le dirigieron Einstein y su padre.

Las paradojas de la vida hicieron que ambos se encontraran nueve años después de la famosa carta con motivo de la concesión del *doctorado honoris causa* en Ginebra a ambos.

Volvamos a situarnos en 1901. Einstein prosigue la búsqueda de un trabajo. Halla por fin un puesto de profesor en la Escuela Técnica de Wintherthur, pero como suplente del profesor titular de matemáticas que debía realizar el servicio militar, Einstein estaba exultante de alegría, pero el período fue corto y al terminar, Einstein volvía a encontrarse sin trabajo.

Hacia el otoño de 1901 Einstein encontró un trabajo como preceptor de unos niños que terminaban la enseñanza media en un internado en la localidad de Schaffhausen. Einstein debía prepararlos para el examen final. Pero tampoco allí estuvo mucho tiempo. Terminó todo con el despido de Einstein. Parece ser que la orientación que pretendía dar a la formación global de los niños no coincidía con la idea del director de la escuela. De todas formas, en aquella localidad Einstein volvió a encontrarse con su colega de la Politécnica, Konrad Habicht. Con él habló mucho en Schaffhausen, localidad natal de Habicht. Además se entendían muy bien porque tenían otra afición común: el violín. Estas conversaciones serían el preludio de las que más tarde mantendrían en Berna en la que denominarían «Academia Olimpia».

---

[3] *Ibíd*. p. 165.

El año 1901 no será agradable para Einstein en el aspecto profesional, y además las cosas todavía se le podían complicar más en el aspecto personal.

Durante su estancia en la Politécnica, Einstein había hecho amistad con Mileva Maric, joven serbia, con la que, a diferencia de otras mujeres que había conocido, sí podía hablar de ciencia. Según parece hay indicios obtenidos modernamente de dos cartas de Einstein, que fruto de esa relación fue el nacimiento de una niña en enero de 1902, a la que Einstein se refiere con el nombre de Lieserl. En el año 1987 se encontraron y publicaron las cartas, por lo que antes de esta fecha se desconocía por completo todo lo referente a este suceso.

Einstein era muy pobre en aquella época. No tenía trabajo. Sus familiares ya no le seguían pagando, puesto que había terminado sus estudios, y Mileva no encontró otra solución que volver con sus padres para tener a la niña, dado que Einstein no se encontraba en posición de hacer nada. En enero de 1902 nació la niña.

Antes de ello, Mileva se presentó por segunda vez al examen para la obtención del diploma en la Politécnica, para el cual se había estado preparando en Zúrich. En julio de 1901 volvió a examinarse, parece que embarazada de tres meses, y volvió a suspender por segunda y última vez. Ya no lo intentaría más. Pero aquí no acabarían las desgracias de esta mujer.

En una carta de julio de 1901, Einstein refleja la amargura que debía sentir por la situación en que la sociedad de entonces situaba a Mileva por ser madre soltera, y habla de defenderla: «¡Ay de quien se atreva a hacerte algo!».[4]

Incluso Einstein habla de buscar un empleo del tipo que sea, que desarrollará cualquier trabajo, que su vanidad no le impedirá aceptar cualquier oferta por humilde que sea.

Sin embargo, la historia real, pese a los buenos deseos de Einstein, se desarrollará de otra manera. El rastro de la niña se perdió y algunos sospechan que se pudo dar en adopción, puede que a algún pariente de Mileva. De lo que no hay duda es de que este hecho marcaría el carácter de Mileva para siempre. Se volverá más taciturna y aparecerá en ocasiones deprimida. Estas características señaladas por todos los que la conocían, irán aumentando con el tiempo. Perderá toda la ilusión por la ciencia y los estudios. Se acabarán aquellos ímpetus juveniles de hacer ciencia los dos juntos, ella y Albert. Se ha especulado con una posible causa en un sentimiento de culpabilidad por lo ocurrido, y tal vez también hacia Einstein por haberlo consentido.

---

[4] Holton, Gerald: *Einstein, historia y otras pasiones*, Taurus, Madrid, 1998, p. 240.

Posiblemente esto también dejará marca en Einstein, pero él tenía, al menos, la ciencia para consolarse; y también intenta consolar a Mileva cuando la ve deprimida. Así interpretan los especialistas la palabra «nuestro» que emplea en una carta que le envía el 27 de marzo de 1901 a Zúrich. Él se encuentra visitando a sus padres, mientras ella estudia para el segundo intento de conseguir el diploma: «*Nuestro* trabajo sobre el movimiento relativo». Esa palabra *nuestro* en lugar de *mi*, motivó una serie de especulaciones sobre la participación de Mileva en la Teoría de la Relatividad, que será tratada con más detalle en el capítulo final: *La leyenda vive*.

Es de suponer que después de este acontecimiento, la relación entre ambos no volvería a ser como antes. Einstein siempre tuvo sobre sí la perspectiva de que alguna vez apareciera alguna posible Lieserl en su vida. Y así ocurrió. En los años 30, cuando Einstein ya era famoso y vivía en Norteamérica, una mujer en Europa reclamó el ser hija ilegítima de Einstein. En esta situación parece que Einstein optó por contratar un detective privado para que obtuviera información, y hasta el momento no se tienen más datos, aunque el doctor Robert Schulmann, editor de Einstein, parece que ha llegado a dar ciertas esperanzas de que se puedan conocer más detalles si se resuelven determinados problemas de índole política. Otros[5] apuntan a que aquello resultó ser un fraude y que se trataba de una actriz que había nacido en 1894 (no en 1902 cuando nació Lieserl); además Einstein en ese año no conocía a Mileva y sólo tenía 15 años.

Volvamos a 1901. Este año recibe Einstein el último fracaso de su carrera: la Universidad de Zúrich no acepta lo que él propone como tesis doctoral. La razón de no presentarlo en la ETH es que en aquellos años no estaban habilitados para expedir el título de doctor. Hubo de esperar Einstein cuatro años, hasta 1905, para que fuera aceptada su tesis doctoral, y ello después de haber escrito el artículo que le valió el premio Nobel de Física.

Einstein se hallaba desconsolado y debió de pensar que el futuro no estaba en Zúrich, así que en mayo de 1901 decidió abandonarlo en unos meses. El lugar elegido será Berna, donde aterrizará en enero de 1902. Hasta entonces, había estado recibiendo ayuda económica de la familia, especialmente de unos tíos.

Desde 1900 estaba Einstein buscando trabajo siguiendo los pasos típicos de cualquier diplomado universitario. Su mayor fracaso había sido no conseguir quedarse en la Politécnica de Zúrich, aunque hubiera sido como ayudante, igual que sus tres compañeros de promoción, entre ellos su gran amigo Marcel Grossmann

Y de esta situación desesperada vino de nuevo a rescatarle su viejo amigo.

---

[5] *Ibíd.*, p. 243.

IV. LA OFICINA DE PATENTES DE BERNA (1902-1909)

Muy deprimido debía de estar Einstein en aquella época a la vista del panorama sombrío que tenía ante sí, cuando Grossmann vino en su ayuda. El que tantas veces le prestara sus apuntes para que aprobara los exámenes, sería una vez más su tabla de salvación. Compadecido de la situación de Einstein, habló con su padre para que intercediera por él. Y éste así lo hizo, hablando con su amigo Haller, el director de la Oficina de Patentes de Berna.

Nuevamente Einstein se entusiasma ante la posibilidad de un trabajo y así se lo hace saber a su amigo Grossmann, al que escribe el 14 de abril de 1901 para darle las gracias: «Querido Marcel: Cuando encontré tu carta ayer, me conmovió profundamente tu lealtad y compasión que no te ha permitido olvidar a tu viejo amigo desafortunado. [...]»[1].

De este modo, Einstein, que ya se encontraba en Berna, fue citado para una entrevista, y Haller debió de apreciar en él algunos rasgos característicos de su inteligencia, así como su dominio de las ecuaciones de Maxwell, para arriesgarse a considerarlo como serio candidato a una plaza provisional de técnico de tercera clase, a pesar de no tener experiencia alguna. Aún así tendría que esperar a la convocatoria pública de la vacante como exigía la ley.

De todas formas Einstein había insertado un anuncio en un periódico de Berna que decía: «Clases particulares intensivas de matemáticas y física para estudiantes. Albert Einstein, profesor con diploma federal. Calle de la Justicia, 32, 1er. piso. Clase de prueba gratis». El precio de la clase era de tres francos la hora.

Aunque no iba a ser la docencia su vocación. En aquellos años atravesaba las mismas dificultades que un titulado actual que no tiene suerte en la búsqueda de su primer trabajo.

---

[1] *The Collected Papers of Albert Einstein*, vol. 1, The Early Years: 1879-1902, Anna Beck (Translator) and Peter Havas (Consultant), Princeton University Press, Princeton, New Jersey, 1987. p. 165. © by The Hebrew University of Jerusalem.

El recurso de las clases particulares, método tan empleado en nuestros días por los estudiantes recién graduados, también había sido intentado por Einstein. El resultado de su anuncio en el periódico, aunque tal vez no fuera muy fructífero en el terreno económico, proporcionó a Einstein unas amistades que durarían toda la vida.

El primer alumno que se le presentó a Einstein alrededor de la primavera de 1902 en la calle de la Justicia, respondiendo al anuncio en el periódico, fue Maurice Solovine, un rumano estudiante de filosofía. Comenzaron unas clases que pronto se convirtieron en conversaciones sobre muchos otros temas, además de matemáticas y física. Y por supuesto, aquellas discusiones duraban mucho más de una hora. Proseguían después en la calle o en cualquier otro sitio, por ejemplo, en una cafetería, tomando un café helado.

El segundo alumno que se unió a la pareja fue Konrad Habicht, el matemático amigo de Einstein con el que se había vuelto a encontrar en Schaffhausen. El trío discutía animadamente sobre cualquier tema, desde filosofía hasta literatura, pasando por supuesto por la física. Leían obras conjuntamente y las discutían. Einstein era aficionado a Hume y Spinoza en filosofía, y en literatura a Dostoyevski (*Los hermanos Karamazof* era su preferido) y Cervantes (*El Quijote*).

Es fácil imaginar que aquellas tertulias, que a veces se prolongaban hasta altas horas de la noche (con protestas de los vecinos), eran mucho más que las clases particulares que anunciaba Einstein. Humorísticamente bautizaron al grupo con el nombre de «Academia Olimpia».

Desafortunadamente apenas duró tres años. Sus amigos tuvieron que ausentarse, pero la amistad perduró. Solovine se instalaría en París y se convertiría en el traductor oficial de las obras de Einstein al francés, y Habicht obtuvo un puesto de profesor en su localidad natal de Schaffhausen.

Otro alumno que consiguió Einstein con su anuncio en el periódico fue Lucien Chavan, que seguía muy atento las explicaciones de Einstein y tomaba notas muy cuidadosas en un cuaderno que se ha conservado. En una de sus páginas describe a Einstein como «[...] de 176 cm [...]. La voz es cautivadora [...] habla bastante bien francés con un ligero acento foráneo»[2].

Curiosa la descripción de la estatura de Einstein, porque parece que no hay acuerdo. Algunas veces se lee que era de elevada estatura y otras que era de estatura más bien baja. Aquí Chavan da una des-

---

[2] Kuznetsov, Boris: *Einstein. Vida. Muerte. Inmortalidad.* Editorial Progreso, Moscú, 1990, p. 47 y Seelig, Carl: *Albert Einstein*, Espasa Calpe, Madrid, 1968, p. 95.

cripción exacta, 1,76 m. Pero en otros sitios se dice 1,74 y en otros, 1,70 [3].

La familia Winteler no olvidaba a Einstein. A la «Academia Olimpia» se presentó Michele Angelo Besso, esposo de Anne Winteler, que era hermana de Marie Winteler, el primer amor de Einstein. Y Besso se convirtió en un buen amigo de Einstein. Con él mantuvo Einstein muchas conversaciones, incluso cuando se marcharon los dos primeros miembros de la Academia. Después sería compañero de Einstein en la Oficina de Patentes de Berna. De Besso dijo Einstein «que no habría podido encontrar en toda Europa "mejor resonador para las nuevas ideas"». Tan interesantes debían de ser los comentarios de Besso a las ideas de Einstein, que le ha hecho pasar a la historia de la física, con el último párrafo, dedicado a él, del famoso artículo de 1905 en que establece la Relatividad: *Sobre la Electrodinámica de los cuerpos en movimiento*. Hace un reconocimiento explícito de su ayuda: «En conclusión, deseo decir que trabajando en el problema aquí mencionado, he recibido la ayuda de mi amigo y colega M. Besso, a quien debo varias valiosas sugerencias»[4]. Otro miembro de la familia Winteler, Paul Winteler, también hermano de Marie Winteler y viejo amigo de Einstein desde el curso que hizo en la escuela cantonal de Aarau, vivía en Berna y con el tiempo se convertiría en el marido de Maja, la hermana de Einstein. Así que aunque no llegó a casarse con Marie Winteler, quedó ligado a su familia, casi hasta el final.

Dos años antes de morir, Einstein escribió a Solovine una carta en la que le hablaba de los viejos tiempos de la «Academia Olimpia»: «[...] Te fundamos para burlarnos de tus voluminosas, viejas y altaneras hermanas. Años de atenta observación me convencieron de hasta qué grado estuvimos acertados [...] »[5]

Publicada la convocatoria pública de la Oficina de Patentes de Berna, Einstein se presentó y quedó contratado como técnico de tercera clase en un puesto provisional, que debería desempeñar a entera satisfacción para pasar a engrosar la plantilla de la oficina. Empezó a traba-

---

[3] En la ficha del FBI (Jerome, Fred, *El expediente Einstein*, Planeta, Barcelona, 2002, p. 2) se lee: «Departamento de Justicia. Inmigración [...] altura: 5'7"» que viene a ser 1,70 m.

[4] Einstein, Albert, *Zur Elektrodynamik bewegter Körper*, Annalen der Physik, 17, 1905, traducido al inglés en Einstein, *The Principle of Relativity*, Dover, New York, 1952, p. 65.

[5] Solovine, Maurice *Albert Einstein, Lettres à Maurice Solovine*, Gauthier Villars, Paris, 1956, p.125, citado en Kuznetsov, Boris: *Einstein. Vida. Muerte. Inmortalidad*. Editorial Progreso, Moscú, 1990, p. 46.

jar el 23 de junio de 1902 con un sueldo de 3 500 francos anuales, lo cual le permitía vivir sin agobios económicos. Más adelante conseguiría la plaza definitiva.

Einstein diría de Grossmann por este motivo: «Lo más grande que Marcel Grossmann hizo por demostrarme su amistad»[6]. Y cuando Grossmann murió en 1936 escribió a la viuda: « [...] Al terminar los estudios me vi abandonado por todos [...] pero él siguió a mi lado y gracias a él y a su padre [...] conocí a Haller, el de la oficina de patentes. En cierta forma me salvó la vida [...] »[7].

El trabajo en la Oficina de Patentes de Berna proporcionó a Einstein la tranquilidad y sosiego necesarios para reflexionar sobre los problemas que más le interesaban en física, aunque tuviera que trabajar diez horas diarias, como reconocería. Él mismo llegó a decir: «La preparación de fórmulas de patentes fue para mí una bendición. [...] Además, una profesión práctica es siempre una salvación para gentes como yo [...]»[8].

El año 1902 va a ser también un año señalado por una desgracia que dejaría marcado a Einstein: la muerte de su padre. Einstein no tenía más que 23 años y quedó profundamente afectado. Casi en sus últimos días consiguió arrancarle Einstein el beneplácito para su boda con Mileva, que se celebraría pocos meses después de la muerte de su padre.

Cuando murió el padre de Einstein, el 10 de octubre de 1902 en Milán, aún no había comprendido el genio que Albert llevaba dentro. No pudo ver el éxito de ese hijo por el que tanto había luchado.

El trabajo minucioso de Einstein en la Oficina de Patentes al que él se refiere, consistía en examinar y entender el funcionamiento práctico de todo tipo de aparatos, describirlo por escrito de forma precisa y científica, y compararlo con la descripción que traía el inventor, muchas veces confusa. Pronto comprendió que todos se podían reducir en su funcionamiento a unos pocos principios básicos. Esto fue una constante en su vida científica: la búsqueda de principios muy generales de los que se pudiesen derivar diversos hechos.

En algún rato de ocio en la oficina, Einstein sacaba un bloc de notas que guardaba en un cajón y reflexionaba sobre las teorías que estaba construyendo. Años más tarde diría que todavía sentía remordimientos de conciencia al recordarlo. Aquel trabajo de inventos y patentes lo entrenó

---

[6] Hoffmann, Banesh: *Einstein,* Salvat, Barcelona, 1984, p. 43.
[7] *Ibíd.*, pp. 43-44.
[8] Kuznetsov, Boris: *Einstein. Vida. Muerte. Inmortalidad.* Editorial Progreso, Moscú, 1990, p. 43.

en algo que reconoció siempre: en captar inmediatamente lo esencial y ver las consecuencias de cualquier idea innovadora.

El 6 de enero de 1903 se casa Einstein con Mileva Maric en Berna. Sus padrinos serán sus compañeros de la «Academia Olimpia» Solovine y Habicht.

Se cuenta una anécdota sobre el día de la boda que nos da idea del carácter distraído, como buen sabio, de Einstein. Después de la celebración, los recién casados se dirigieron a su apartamento en Kramgasse, 49 (actualmente museo de Einstein), y al llegar a la puerta, Albert no fue capaz de entrar; por más que lo intentó no encontró las llaves.

En 1904 Einstein había solicitado un ascenso en la Oficina de Patentes de Berna, de técnico de tercera a técnico de segunda, pero su jefe, el doctor Haller, no se lo había concedido. Tendría que esperar, le dijo, a familiarizarse del todo con la ingeniería mecánica. El 1 de abril de 1906 lo conseguirá. Ello le reportaría un aumento de 1.000 francos suizos anuales.

En este mismo año, 1904, el 14 de mayo, nacerá el primer hijo de Albert Einstein: Hans Albert.

Y también en este año 1904, el 16 de septiembre, consolidan a Einstein en la Oficina de Patentes convirtiendo en definitivo su nombramiento, que hasta entonces era temporal a prueba.

V. EL «ANNUS MIRABILIS» (1905)

Jamás volvió Einstein a efectuar una producción científica como la del año 1905, por lo que se suele conocer a ese año como «annus mirabilis», año admirable o maravilloso.

Einstein ya sabe, a pesar de su corta edad, 26 años, que está siendo un revolucionario. En una carta a K. Habicht en 1905, le habla de cuatro trabajos que está elaborando y califica literalmente de «revolucionario» el referente a la luz, mientras que, sobre el de la electrodinámica de los cuerpos en movimiento, dice: «[...] descansa sobre modificaciones de la teoría del espacio y el tiempo»[1]. Como puede observarse Einstein avisa de las dos grandes revoluciones científicas del siglo XX. El tratamiento de la luz mencionado marca el nacimiento de la física cuántica, y el de la electrodinámica de los cuerpos en movimiento, el de la relatividad.

Según Einstein le llevó cinco o seis semanas el artículo sobre la relatividad, pero sabemos que llevaba diez años pensando en el problema, que se le había planteado a los 16 años, cuando pensaba cómo vería un rayo de luz si lo persiguiera con la velocidad de la luz.

A las pocas semanas de haber mandado el artículo a la revista *Annalen der Physik* se dio cuenta de una nueva consecuencia que se podría obtener de su teoría, y envió un apéndice de tres páginas, donde está la ecuación más famosa del mundo, $E = mc^2$, que explicará la conversión de materia en energía y viceversa.

El primer artículo (17 de marzo de 1905) aplicaba la teoría cuántica, recién nacida de la mano de Max Planck el 14 de diciembre de 1900, al efecto fotoeléctrico. Este trabajo le valió a su autor el premio Nobel de Física en 1921.

De cualquier manera, pudo haber recibido el galardón por cualquiera de sus otros tres o cuatro trabajos, o incluso por su lucha por la paz mundial, en opinión de Mario Bunge. En este sentido, Max Born, que también fue galardonado con el premio Nobel de Física y

---

[1] Balibar, Françoise: *Einstein. El gozo de pensar*, Ed. B.S.A., Barcelona, 1999, p. 39.

conoció muy bien a Einstein, lo tenía conceptuado como uno de los físicos más grandes «[...] aun cuando no hubiera escrito una sola línea sobre la relatividad»[2]. Y Compton, cuya contribución a la prueba experimental de la existencia de los cuantos de luz fue definitiva, abunda en la misma opinión: «Aunque Einstein no hubiera descubierto la relatividad, sería el físico más grande del siglo XX, pues su idea de los cuantos (*) de luz es, conceptualmente, tan importante como la relatividad general y, desde el punto de vista práctico, mucho más importante».

El segundo artículo de Einstein versaba sobre las dimensiones de las moléculas (30 de abril de 1905). Su título era: «Una nueva determinación de las dimensiones de las moléculas» y, es el menos importante de los cinco que publicó ese año. Posiblemente la idea básica se le ocurrió cuando observaba cómo se disolvía un terrón de azúcar en el té. La desaparición de las partículas del azúcar y el líquido más viscoso resultante indujo a Einstein a ensayar un estudio que culminó con el artículo mencionado, en el cual llega a calcular el tamaño de las moléculas de azúcar. Este artículo le sirvió a Einstein como tesis doctoral. Con él consiguió el grado de doctor.

Y no es que no hubiera intentado obtener tal grado, pues Albert había enviado en 1901 dicho trabajo al profesor de física de la Universidad de Zúrich, Dr. Kleiner, como posible tesis doctoral, y se lo devolvieron por ser demasiado corto.

Einstein debía de estar bastante desmoralizado en esos años con sus fracasos académicos; prueba de ello es la carta que escribió en 1903 a su amigo Besso: «No tengo intención de conseguir el doctorado [...] creo que no es más que una comedia aburrida»[3]

En 1905, cuando vio que sus trabajos eran aceptados en la revista más prestigiosa del mundo, volvió a mandar a la Universidad de Zúrich el mismo trabajo que había sido rechazado en 1903 por ser demasiado breve, pero añadiéndole una sola frase. Esta vez fue aceptado. No sabemos si el gesto pretendía mantener la postura que había mencionado a su amigo Besso, o más bien era otra prueba de su sentido del humor. Presentó su tesis doctoral dedicada a «mi amigo el señor Dr. M. Grossmann» en la Universidad de Zúrich. La tesis doctoral de Albert consistió en el segundo de los artículos señalados anteriormente. La tesis fue aceptada en la Universidad de Zúrich en julio de 1905. Parece que hasta

[2] Hoffmann, Banesh: *Einstein,* Salvat, Barcelona, 1984, p. 20.
(*) Una explicación sobre los cuantos de luz se encuentra en el capítulo «*La revolución cuántica*».
[3] *Ibíd.*, p. 60.

estuvo pensando en publicarla, pero al final no tuvo necesidad de ello, pues apareció publicado el artículo en la revista *Annalen der Physik* en 1906.

Su tercer artículo veía la luz el 11 de mayo de 1905 y explicaba el movimiento browniano.

Estos dos últimos artículos trataban un problema crucial en aquella época: la existencia real de los átomos y las moléculas. Gran parte de los más importantes físicos y químicos de aquellos días creían en la existencia real de las moléculas. Los trabajos de Einstein confirmaron esa creencia. En este sentido baste recordar que un gran científico muy admirado por Einstein como era Ernst Mach no era atomista. Einstein consideraba muy importante el libro de mecánica publicado por Mach. En determinados momentos de su vida reconoce la influencia de Mach sobre él en algunos aspectos, sobre todo en la relatividad del movimiento. Tal vez por esa razón dijo de Mach, que era «un buen mecánico pero un deplorable filósofo». Aún así, Einstein sólo reconoció como precursores suyos a Newton, Maxwell, Lorentz, Planck y Mach, aunque admirara a más. En su despacho tenía retratos de Newton, Faraday y Maxwell.

Estamos hablando del año 1905, y aunque hoy día nos pueda parecer evidente la existencia real de átomos y moléculas, entonces no lo era. A pesar de ello, algunos científicos no sólo creían en la existencia real de los átomos, sino que, acertadamente, pensaban que el átomo a su vez se podía dividir, lo cual indicaba, por otra parte, lo incorrecto de la palabra «átomo», puesto que en griego significa «indivisible». Estos años son cruciales, pues bastará una década llena de descubrimientos para que no quede duda sobre la existencia real de las moléculas.

El cuarto artículo (30 de junio de 1905) se titulaba «Sobre la Electrodinámica de los cuerpos en movimiento», y en él Einstein establece la famosa *Teoría especial de la Relatividad.*

El quinto artículo (27 de septiembre de 1905) era una especie de consecuencia del anterior sobre relatividad. En unas pocas páginas obtenía la ecuación más famosa de la historia de la ciencia: $E = mc^2$.

El sexto artículo (19 de diciembre de 1905) consistía en una segunda parte del tema anteriormente tratado del movimiento browniano.

Note el lector una curiosidad: el fundador de la Teoría de la Relatividad crea su teoría sin ser doctor, cuando se supone que tal título de doctor es el que oficialmente habilita para realizar investigaciones. Y lo mismo podemos decir de su primer artículo, el del efecto fotoeléctrico, y que le valió el premio Nobel.

No debemos olvidar que toda esta producción científica la realizó Einstein mientras trabajaba en la Oficina de Patentes de Berna, que, según señala el propio Einstein: «[...] contrariamente a lo que se ha sugerido en ocasiones, este trabajo me mantenía ocupado "durante diez horas de trabajo minucioso cada día"».[4]

Precisamente en esas condiciones de trabajo, y apartado de los círculos universitarios y científicos de la época, se manifestó la genialidad de Einstein. Envió los tres artículos básicos a la revista con intervalos de menos de ocho semanas, y el correspondiente a la relatividad lo escribió en cinco o seis semanas, según escribió Einstein a su biógrafo Carl Seelig.[5] Estos trabajos los llevó a cabo en auténtica soledad. Alejado como estaba de los círculos universitarios, no seguía ninguna orientación ni indicación de ningún investigador. Su guía era su propia intuición. Recuerda un poco el caso de Newton, que a edad parecida, 24-25 años, realizó también sus mayores aportaciones trabajando de la misma manera: en soledad, pero esta vez forzado por la peste bubónica que asoló el país y que le obligó a retirarse a la casa paterna de Woolsthorpe. Allí halló Newton las bases de tres de sus más grandes descubrimientos: descubrió la ley de gravitación universal, demostró la composición de la luz blanca y creó el cálculo infinitesimal, que denominó *método de las fluxiones*.

Nunca más volvió a producir Einstein nada parecido.

En los años anteriores a 1905, había publicado varios artículos: cinco contribuciones. Las dos primeras recién terminados sus estudios (1901 y 1902), que posteriormente Einstein no destacaría como importantes. Pero las otras tres, que terminaba en 1904 ya tocaban temas importantes, como la física estadística y la física cuántica, a los que se dedicaría de lleno más tarde. Pero nada hacía presagiar lo que vendría poco después.

---

[4] Martin J. Klein: *Thermodynamics in Einstein's Thought*, Science, 157, p.513, 1967 citado en Holton, Gerald: *Ensayos sobre el pensamiento científico en la época de Einstein*, Alianza Editorial, Madrid, 1982, p. 245.

[5] Esta cita se encuentra en una carta de Einstein a Carl Seelig el 11 de marzo de 1952, reproducida en la obra de Gerald Holton: *Ensayos sobre el pensamiento científico en la época de Einstein*, Alianza Editorial, Madrid, 1982, p. 245.

VI. NACE LA RELATIVIDAD (1905)

La Teoría de la Relatividad había surgido de una pregunta que Einstein se había planteado cuando tenía 16 años: «¿cómo veré un rayo de luz si lo persigo con la velocidad de la luz?»[1] Tardó diez años en encontrar la respuesta, y sólo cinco o seis semanas en escribir el famoso artículo cuarto de 1905 donde establece la Teoría de la Relatividad[2]. El título del artículo es «Sobre la electrodinámica de los cuerpos en movimiento». No aparece la palabra relatividad en el título.

El problema era tan difícil de resolver que estuvo a punto de rendirse después de una intensa búsqueda.

Más tarde contaría que después de una noche de haber dormido bien, se despertó por la mañana con la solución en la cabeza. «Un análisis del concepto de tiempo era la solución».

Ese análisis del concepto de tiempo ha dotado a la Teoría de la Relatividad de un halo de misterio que ha trascendido a la propia física y ha llegado al gran público en una divulgación, en muchas ocasiones, equivocada y absurda.

Mencionaremos aquí solamente algunas de las consecuencias *sorprendentes* de la Teoría de la Relatividad, y expondremos en el Apéndice I una explicación sin fórmulas de algunas ideas básicas de la teoría de Einstein, así como la famosa paradoja de los gemelos o paradoja del tiempo.

Uno de los primeros conceptos nuevos introducidos por Einstein en su teoría es el de la *relatividad de la simultaneidad*, contrario al concepto de *simultaneidad absoluta* utilizado en toda la física clásica hasta entonces. Significa que dos sucesos pueden ser *simultáneos* en un sis-

---

[1] Einstein, Albert: *Autobiographical Notes* (1ª ed. 1949), ed. Paul Arthur Shilpp. Open Court Publishing Company, La Salle and Chicago, Illinois, 1979, p. 51. Existe traducción española: *Notas autobiográficas*, Alianza Editorial, Madrid, 1984.
[2] Einstein, Albert: *Zur Elektrodynamik bewegter Körper*, Annalen der Physik, 17, 1905, traducido al inglés en Einstein *The Principle of Relativity*, Dover, New York, 1952.

tema, por ejemplo, para los observadores situados en tierra y no serlo para los viajeros de un tren que se mueve a gran velocidad respecto de los primeros(*). La simultaneidad es *relativa*. Hasta tal punto, continúa Einstein, que hablar de *tiempo* de un suceso carece de significado mientras no se especifique el sistema de referencia en el que se sitúa el observador.

De lo anterior se desprende un fenómeno trascendental: cualquier acontecimiento que tenga una duración determinada en un sistema de referencia, por ejemplo, la duración de una película vista por los viajeros del tren, que para ellos ha sido de 90 minutos, no tendrá la misma duración juzgada por los observadores de la vía. Estos medirán un tiempo superior, pueden ser diez millonésimas de segundo más si el tren se mueve a 100 km/h o 60 minutos más si el tren se moviera a 240.000 km/s, que es una velocidad inalcanzable.

Como consecuencia del diferente criterio de simultaneidad que tienen observadores situados en distintos sistemas, se llega a la conclusión, en la Teoría de la Relatividad, que también las distancias son relativas. Una barra en la vía aparece más corta para los viajeros del tren, pero, también, la barra que va en el tren aparece más corta para los observadores de la vía.

Como ya puede observarse por estas primeras consecuencias, la Teoría de la Relatividad es mucho más compleja que la mecánica de Newton imperante hasta la fecha, pero la mecánica de Newton con su tiempo y espacio absolutos continuará en vigor. Su sustitución por la teoría de Einstein sólo tendrá sentido para velocidades muy elevadas, entendiendo por tales, velocidades comparables a la velocidad de la luz. En el resto de los fenómenos no tendría sentido, porque conducen a los mismos resultados, y la Teoría de la Relatividad exigiría cálculos mucho más laboriosos. No han sido invalidados los maravillosos descubrimientos de la mecánica de Newton, cuyo triunfo fue inmortalizado por su contemporáneo y admirador, el poeta Alexander Pope, en los siguientes versos:

«*Nature and Nature's Laws lay hid in night
God said "Let Newton be", and all was light*»
Podrían traducirse por:
«La naturaleza y sus leyes yacían ocultas en la noche
Dios dijo: "Hágase Newton", y todo fue luz»

(*) Una explicación más detallada se encuentra en el Apéndice I «*La Relatividad especial. La paradoja del tiempo*»

Y para reflejar, frente a la clara concepción de la mecánica de Newton, la complejidad de la teoría de Einstein, los versos precedentes encontraron una réplica humorística en otros, casi igualmente famosos, escritos por Sir John Squire:

«*It did not last; the Devil, howling "Ho,*
Let Einstein be!" restored the status quo»

Podrían traducirse así:

«Ello no duró; el Diablo, aullando "Ho,
¡Hágase Einstein!" restableció el status quo»

Como anécdota añadamos que Einstein prefería para su teoría el nombre de *teoría de invariantes*, le parecía más exacto y mucho menos equívoco, pero se impuso el nombre de relatividad, que le dio Planck, un año después. La ambigüedad en el nombre de relatividad se hizo patente con el cúmulo de malentendidos que surgieron cuando se popularizó la teoría, que, a veces se resumía en la frase: «todo es relativo», que no es la idea de la teoría. «No significa de ningún modo que todo en la vida es relativo», diría Einstein en 1929. Einstein intentó cambiar el nombre a su teoría en los años veinte, pero ya fue imposible. De hecho, no utilizó el nombre de *Teoría de la Relatividad* hasta 1911 en los títulos de sus artículos. El título del artículo en el cual nace la Teoría de la Relatividad no lleva tal nombre, sino otro que parece no tener nada que ver con ello: «*Sobre la electrodinámica de los cuerpos en movimiento*».

VII. EINSTEIN COMO PROFESOR DE UNIVERSIDAD

(Berna-Zúrich-Praga-Zúrich)
(1908-1913)

Las publicaciones de Einstein de 1905 comenzaban a ser conocidas en los círculos científicos. A pesar de que no surtieron el efecto que Einstein esperaba, o más bien deseaba, dado su contenido revolucionario, se sintió recompensado cuando recibió una carta de Planck pidiéndole aclaraciones y explicaciones sobre lo que sería la Teoría de la Relatividad.

Mientras Einstein trabajaba en la Oficina de Patentes de Berna, las autoridades de la Universidad de Zúrich decidían sobre la conveniencia de incorporar a su profesorado a aquel joven científico que trabajaba en Berna. La Universidad de Zúrich no era la Escuela Politécnica en la que Einstein había estudiado, pero hasta allí habían llegado ya los primeros ecos de sus publicaciones, y supo anticiparse al resto de las universidades, incluida la prestigiosa ETH de Zúrich, y acercarse a Einstein para obtener su disposición a volver a Zúrich.

El profesor de Física general de la Universidad de Zúrich, profesor Kleiner, había propuesto la creación de una cátedra de Física Teórica. El concejal Ernst había propuesto para ella a Adler, que explicaba física desde 1907 en la universidad como profesor extraordinario. Era, pues, en la propia universidad donde Adler había realizado sus prácticas docentes, obligatorias en la mayoría de las universidades alemanas y también de obligado cumplimiento en Zúrich. Adler era hijo del fundador del partido socialdemócrata austriaco. El claustro de la universidad veía con buenos ojos el nombramiento, pero fue el propio Adler el que al enterarse de que la universidad podía contar con Einstein, declaró de forma totalmente desinteresada: «Si es posible nombrar a un hombre como Einstein, sería absurdo designarme a mí»[1]. Juzgaba imparcialmente que no podía competir científicamente con Einstein.

Einstein y Adler ya se conocían. Einstein se había interesado por la tesis doctoral de Adler en que trataba el problema del calor específico del plomo, y también habían discutido sobre muchas cuestiones científicas. La relación entre ambos era buena. Einstein le animaba a que continuara con la investigación en física y no dedicara tanto tiempo a la política, pero no conseguiría convencerlo. La atracción de la política era demasiado fuerte para él y abandonó la enseñanza en Zúrich. Se trasladó a Viena donde fue elegido secretario de la Socialdemocracia de Austria. Adler terminó matando en Viena al presidente del Consejo de Ministros, conde Stürk, el 21 de diciembre de 1916.

Adler fue condenado a muerte, aunque posteriormente le fue conmutada la pena por 18 años de prisión. Cuando se celebró el juicio, Einstein pidió comparecer en calidad de testigo para hablar favorablemente sobre el carácter del condenado, pero no fue aceptada la petición.

Durante su estancia en la cárcel, Adler escribió un ensayo sobre la Teoría de la Relatividad de su amigo Einstein. Esta obra apareció publicada en 1920. Pero volvamos a 1907.

El profesor Kleiner se encargaba de la gestión de contratar a Einstein. La oferta despertó el entusiasmo de Einstein, pero surgió un problema. No podría incorporarse inmediatamente como profesor a la Universidad de Zúrich, porque existía en aquella época un requisito imprescindible, no sólo en Zúrich, sino en muchas universidades alemanas, y que no tenía equivalente en las universidades extranjeras, que exigía una condición previa a la incorporación como profesor universitario. Consistía en ejercer una actividad docente como *privatdozent*, una especie de profesor extraordinario. Este requisito obligaba al futuro profesor a adquirir una experiencia docente universitaria ofreciendo sus servicios a una universidad. El aspirante proponía la asignatura que deseaba explicar y la universidad la incluía en sus planes de estudio, pero no pagaban al profesor. Sus ingresos se compondrían exclusivamente de las pequeñas tasas que pagaban los estudiantes al matricularse en la asignatura. De esta forma la universidad no arriesgaba nada permitiendo al profesor dar clases, pero, como contrapartida, el candidato a profesor se encontraba con una situación difícil. Aunque hiciera las clases muy atractivas y se matriculasen muchos alumnos, era evidente que los ingresos obtenidos serían pequeños y el profesor necesitaría tener otro empleo para poder vivir.

---

[1] Frank, Philipp: *Einstein*, José Janés Ed., Barcelona, 1949, p. 106.

Ante tal situación, Kleiner aconsejó a Einstein que ofreciera sus servicios como profesor extraordinario en la Universidad de Berna, la ciudad en que trabajaba.

De esta forma se inició Einstein como profesor universitario. El 28 de febrero de 1908 obtuvo el puesto de profesor extraordinario en la Universidad de Berna. En el semestre de verano daba sus clases sobre *Teoría cinética del calor* de siete a ocho de la mañana los martes y sábados. Un horario que le permitía compatibilizar las clases con su trabajo en la Oficina de Patentes de Berna. Su auditorio no era muy numeroso: tres alumnos entre los que había que incluir a Besso su amigo y colega en la Oficina de Patentes, que se había matriculado para ayudarlo. En el segundo semestre y último para Einstein, el de invierno de 1908-09, Einstein impartía un curso sobre *Radiación* los miércoles de seis a siete de la tarde. Einstein debía dar las clases después de terminar su jornada laboral en la Oficina de Patentes. Tal vez Einstein encontrara un poco penosa la situación con tanto trabajo, y además su nuevo empleo casi no le producía ingresos y sí le robaba mucho tiempo de sus investigaciones. Esta vez consiguió Einstein un auditorio más numeroso: cuatro alumnos. No faltaban muchos años para que las salas en las que hablara Einstein se llenaran, incluso con gente que no sabía nada de ciencia, pero en 1909 podía estar contento con sus cuatro alumnos que le iban a permitir obtener el certificado de habilitación para ingresar en la universidad como profesor ordinario.

Estamos en el curso 1908-09 y Einstein ya empieza a ser reconocido científicamente. Recibe una invitación para participar en el Congreso de Salzburgo que se celebrará en 1909. Allí conocerá a investigadores ilustres como Planck, Wien, Sommerfeld o Pauli. Él presentará una ponencia con el título: «Evolución de las ideas sobre la esencia y constitución de la radiación». Y también en ese año se le concede su primer título de *doctor honoris causa* por la Universidad de Ginebra. Esto ocurriría el 8 de julio de 1909, pero ahora volvamos a 1908 y su dura labor en la Universidad de Berna.

Einstein seguía manteniendo su inconformismo manifestado en las formas y en su vestimenta, y su entrada en la universidad no le hizo cambiar. Su hermana Maja, que estudiaba en la universidad de Berna acudió en una ocasión a una de sus clases. Al preguntar al bedel por el aula donde su hermano explicaba, provocó el desconcierto de éste al ver a la joven tan elegantemente vestida, que no podía creer que fuera hermana de Einstein.

Su protector de la Universidad de Zúrich, Alfred Kleiner, quiso comprobar las cualidades docentes de Einstein y se presentó de improviso en una de las clases del joven Einstein. La impresión que recibió no debió de ser muy halagüeña y le reprochaba que explicaba a un nivel superior al que tenían los alumnos. Einstein se ha disculpado reconociendo posteriormente que no estaba muy bien preparado y se encontraba algo nervioso.

Finalmente, todo estuvo dispuesto para que Einstein ingresara en la Universidad de Zúrich como profesor adjunto, pero antes debería despedirse de la Oficina de Patentes de Berna, donde su jefe Haller no acabaría de creerlo. Einstein le había comentado la posibilidad de entrar como profesor en la Universidad de Zúrich, y Haller le había contestado: «No bromee». No fue ninguna broma y Einstein, después de siete años de trabajo, que luego recordaría con nostalgia, abandonó la Oficina de Patentes en la que, según él mismo reconocería más tarde, tuvo las ideas más brillantes de su vida.

De todas formas, el cambio no significaba un beneficio económico. El sueldo como profesor adjunto en la Universidad de Zúrich era equivalente al que ganaba en la Oficina de Patentes de Berna: 4.500 francos suizos anuales.

El 15 de octubre de 1909 se incorpora Einstein a la Universidad de Zúrich. Su relación con Kleiner será buena; ambos se apreciarán mutuamente.

Comienza las clases en el semestre de invierno de 1909-10; explicará mecánica, termodinámica y física con grupos de alumnos que oscilarán de 12 a 19. En el semestre de verano de 1910 añadirá una asignatura sobre la teoría cinética en sustitución de la termodinámica y otra de prácticas que explicará con el profesor Kleiner. El número de alumnos en este semestre fue de 12 a 24. En el semestre de invierno de 1910-11 explicará electricidad y magnetismo, física teórica y continuará con la física y con las prácticas. En este último semestre, el número de alumnos fue de 7 a 23.

¿Era Einstein un buen profesor? Las opiniones a este respecto no coinciden por completo. Así como hay ciertas características generales de su actividad docente que parece que son reconocidas unánimemente, hay otros aspectos en los que las opiniones son divergentes.

Por los testimonios que se poseen, Einstein era un conferenciante entusiasta, muy natural en la expresión, enemigo de la retórica y con sentido del humor. También le gustaba reducir las cuestiones más complicadas hasta sus principios básicos.

Se conservan testimonios de alumnos suyos que describen su actividad docente como distinta de la del resto del profesorado.

Dado el carácter natural e informal de Einstein, no sorprenden los relatos que hacen sus alumnos de que se entusiasmaba en las clases y trataba de que sus alumnos fueran siguiendo sus ideas hasta parecer que ellos mismos llegaban al descubrimiento de las leyes.

Uno de sus alumnos señala que lo miraron con escepticismo cuando lo vieron aparecer con sus pantalones demasiado cortos y con una cadena de hierro en su reloj. Sin embargo, pronto cambiaron de opinión, y apreciaban el que Einstein les permitiera dirigirse a él en el curso de una explicación para preguntarle algo que no habían entendido, aunque ello significara interrumpir la clase[2].

En otra ocasión comenta: «[...] recuerdo que tan sólo una vez se quedó atascado»[3]. Y explica cómo Einstein les preguntaba si alguno veía la solución matemática al percance. Como nadie sabía salir de la situación, Einstein les dijo que dejaran una cuarta parte de la página en blanco y continuó con la explicación. Concluye finalmente: «[...] Unos diez minutos después exclamó Einstein [...]: ¡Alto, ya lo tengo!»[3]. Para asombro de este alumno, Einstein había seguido pensando sobre la demostración en que se había atascado mientras seguía desarrollando demostraciones complicadas.

Algunos lo describen como un profesor excelente que no llevaba apuntes a clase, sino una pequeña ficha con el guión de los puntos que quería tratar, y lo hacía de forma rigurosa preocupándose de que le entendieran los estudiantes. Repetía frecuentemente si le habían entendido y siempre daba muestras de sentido del humor añadiendo frases humorísticas.

Según relata su alumno Hans Tanner, que luego fue profesor en la Escuela Técnica de Winterthur, al terminar la clase podía seguir con sus estudiantes discutiendo las cuestiones de física, salir de la universidad con un grupo hablando amistosamente como si fuera uno de ellos. Incluso, a veces, cuando quedaba pendiente algún tema decía a sus alumnos que los que quisieran podían seguir hablando con él sobre la cuestión en el café Terrasse. Allí se quedaban a veces hasta la hora de cierre. No contento con esa sesión, a veces les proponía continuar en su propia casa. Tanner relata que allí podía verse a Einstein ocupándose del niño pequeño con una mano y un papel lleno de fórmulas en la otra. Incluso comenta que en una ocasión le pidió que se ocupara del pequeño mientras él preparaba café.

Es fácil comprender que un profesor de estas características no fuera frecuente y menos en aquella época.

---

[2] Seelig, Carl: *Albert Einstein*, Espasa Calpe, Madrid, 1968, p. 126.
[3] *Ibíd.*, p.127.

Seelig[4], uno de los biógrafos oficiales de Einstein, lo presenta de esta forma: como un profesor muy bueno y asequible para sus alumnos, tanto científica como humanamente. Tanto es así que combate la opinión de que Einstein se encontraba a disgusto como profesor. Cita una carta de Einstein a Lucien Chavan en 1909 en que declara: «[...] Me causa mucha alegría enseñar, pero también me da mucho trabajo ahora en los comienzos»[5].

En cambio, Philipp Frank, considerado por algunos como uno de sus mejores biógrafos científicos, que escribió su biografía animado por el propio Einstein, y que fue su sucesor en la cátedra de Praga, presenta una visión un poco distinta. Atribuye a Einstein el mismo interés y entusiasmo en las conferencias y en las clases no regladas, o sea, no oficiales, pero en un curso completo la situación era diferente. La rutina diaria y el trabajo administrativo que conlleva no eran apropiados para Einstein. Además no se puede mantener la misma tensión e interés de una conferencia durante un año o un semestre entero. Muchos de los temas a tratar no serían aquellos directamente relacionados con su investigación, que era en los que concentraba su entusiasmo y energía. Más aún, llega a afirmar: «No ha sido nunca un buen profesor, capaz de mantener el interés de los alumnos en el mismo elevado nivel durante un año entero. Pero sus conferencias en las sociedades científicas, en los congresos [...] están siempre impregnadas de una vitalidad [...] duradera en sus oyentes».[6]

Tampoco Hoffmann, colaborador de Einstein en Princeton, opina que Einstein fuera buen profesor, más bien opina lo contrario[7], pero matiza que está hablando de 1908 y explica que Einstein en aquellos momentos estaba más preocupado por otras cuestiones, y no le agradaban las convenciones y trabajos que llevaba anejo aquella actividad. Según Hoffmann, y sigue hablando sobre la actividad de Einstein como profesor en Berna: «Lo hizo a regañadientes y con actitud rebelde. No hizo ningún esfuerzo por mejorar su apariencia exterior ni su comportamiento para ponerse más a tono con la tradición académica».[7]

Al finalizar el semestre de invierno de 1910-11, en la Universidad de Zúrich son conscientes de que hay otras universidades interesadas en contratar a Einstein. Reunido el Consejo Económico hacen un esfuerzo para conservar a Einstein y le elevan el sueldo en 1.000 francos suizos anuales, pasándole de 4.500 a 5.500.

[4] *Ibíd.*, pp. 126-132.
[5] *Ibíd.*, p. 132.
[6] Frank, Philipp: *Einstein, op. cit.*, p. 127.
[7] Hoffmann, Banesh: *Einstein, op. cit.*, p. 87.

A pesar de ello no van a ver cumplido su deseo de retener a Einstein. Le ha llegado una tentadora oferta de la Universidad alemana de Praga.

La Universidad de Praga, que era la más antigua de Europa Central, había sido dividida en 1888 en dos: una alemana y otra checa. La relación entre ambas universidades era nula. Incluso era posible que profesores de la misma materia en ambas universidades no se conocieran.

Para el puesto que al final ocuparía Einstein en Praga había también otro candidato, Gustav Jaumann, profesor del Instituto Técnico de Brno. De modo que se repetía la historia que le había sucedido en Zúrich, pero con alguna diferencia. En primer lugar, esta vez Einstein había quedado primero en la lista de los dos candidatos. Sus publicaciones desde 1905 hasta 1910 habían causado gran impresión en el mundo científico. La segunda diferencia consistía en que Jaumann no era Adler, que gentilmente en Zúrich había reconocido los méritos superiores de Einstein y había renunciado en su favor.

El gobierno austriaco prefería contratar profesores nativos antes que extranjeros, así que ofreció el cargo a Jaumann. Y, curiosamente, el resultado fue el mismo que en Zúrich, aunque por diferentes razones. Jaumann renunció al enterarse de que había quedado en segundo lugar en la lista de méritos. Parece ser que Jaumann era un científico de gran talento, pero convencido de que no eran apreciadas completamente todas sus cualidades[8].

En la Universidad de Praga preparaban ya el nombramiento de Einstein cuando les llegó una carta del gran científico alemán Max Planck en la que afirmaba: «Si la teoría de Einstein se comprueba, conforme espero, será considerado como el Copérnico del siglo XX»[9].

Einstein se iba a trasladar a Praga. Su salario iba a ser bastante superior al que percibía en Zúrich. Esta razón debió influir mucho en su decisión, pues su familia no deseaba el traslado, especialmente su mujer Mileva.

De todas formas no iba a permanecer mucho tiempo en Praga. No llegaría a año y medio y cambiaría nuevamente de destino. Casi igual al tiempo que permaneció en la Universidad de Zúrich, ciudad a la que retornaría, pero como Catedrático de la prestigiosa Escuela Politécnica en la que estudió.

Volvamos a su traslado a Praga. Fue realizado en marzo de 1911. Para entonces ya tenía Einstein otro hijo, Edouard, nacido el 28 de julio de 1910 (murió en 1965 en el hospital psiquiátrico Burghölzli).

[8] Frank, Philipp: *Einstein, op. cit.,* p. 110.
[9] *Ibíd.,* p. 141.

El emperador Franz Joseph había nombrado a Einstein Catedrático de la Universidad Karl-Ferdinand de Praga con efectividad de 1 de abril de 1911.

Einstein, a su llegada a la Universidad de Praga, trató de mantener las tradiciones imperantes en aquella época y comenzó a visitar a todos los profesores, pero cuando había cumplido este trámite con la mitad de ellos, se cansó y dejó de visitar al resto, los cuales se sintieron ofendidos. A pesar de que Einstein se excusó, comenzaron a considerarle un hombre extravagante[10].

Parece ser que en Praga tomó conciencia por primera vez del significado de ser judío. La mayor parte de la comunidad de habla alemana de Praga eran judíos. Esto tenía un significado curioso para la comunidad checa. Los términos alemán y judío eran casi sinónimos. Había también un grupo judío sionista independiente en el que fue introducido Einstein y al cual pertenecían, entre otros, los escritores Franz Kafka y Max Brod.

Una de las novelas de Max Brod se titulaba *La redención de Tycho Brahe*, en la que Brod reflejaba los últimos años del astrónomo Tycho Brahe en Praga, y el contraste entre el viejo astrónomo y el joven Kepler, al que llamó como ayudante. Las características que atribuyó a Kepler parece ser que las tomó de la personalidad de Einstein. Señala Philipp Frank: «Cuando el famoso químico alemán W. Nernst leyó la novela dijo a Einstein: "Este Kepler es usted"»[11].

Aún así, en esta época no estaba Einstein aún preocupado por el problema del sionismo y no prestaba demasiada atención a esas inquietudes del grupo. Él tenía un problema científico perentorio: estaba buscando la generalización de la Teoría de la Relatividad restringida o especial. Ésta (la relatividad especial) es de aplicación solamente a sistemas inerciales (sistemas con movimiento uniforme), y Einstein estaba convencido de que tendría que haber una formulación similar para todo tipo de sistemas de referencia, tuviese movimiento uniforme o acelerado.

Einstein dedicará todas sus energías durante su estancia en Praga a la búsqueda del principio que le permita generalizar la relatividad especial. Ya en 1907 había tenido la idea básica de la relatividad general.

En Praga recibirá la visita del físico Paul Ehrenfest, a quien había conocido en Berna, y con quien consolidará una amistad que sólo romperá la muerte. En sus viajes a Leiden (Holanda), Einstein se alojará en casa de su amigo y de su mujer, también científica, Tatiana Afanassjewa.

---

[10] *Ibíd.*, p. 112.
[11] *Ibíd.*, p. 110.

Durante su estancia en Praga tiene lugar la celebración del Primer Congreso de Solvay en Bruselas del 30 de octubre al 3 de noviembre de 1911.

Solvay era un químico belga nacido en Bruselas en 1838 y muerto en la misma ciudad en 1922. Había descubierto el procedimiento para fabricar sosa que lleva su nombre. Comportándose como una especie de mecenas moderno, patrocinaba una serie de encuentros entre los científicos de primera fila del momento para discutir temas de actualidad. De ahí el nombre de las Conferencias o Congresos, que se celebraban en la ciudad de Bruselas, donde él había vivido.

La idea era que participaran como invitados los mejores físicos, y Einstein tiene el honor, no solamente de recibir una invitación, sino de pronunciar el discurso de clausura, que dedicó al problema de los calores específicos. Solvay se cuidaba de todos los gastos de transporte, alojamiento y manutención, y además obsequiaba con 1.000 francos a cada uno de los participantes.

Durante la celebración del Congreso conocerá Einstein a Marie Curie, que le impresionará vivamente. De ella llegó a decir Einstein: «La señora Curie es, de todos los seres célebres, el único que la gloria no ha corrompido»[12]. También quedará Einstein impresionado por Lorentz que preside el Congreso. Einstein dirá: «Es el más inteligente». También admira, tal vez por contraste consigo mismo, la facilidad de Lorentz con los idiomas: «Habla tres idiomas», dirá.

En esta primera Conferencia o Congreso de Solvay Einstein se encontrará por primera y última vez con Poincaré. El gran científico francés era uno de los que más se había acercado a la Teoría especial de la Relatividad antes de aparecer Einstein en el panorama internacional, por lo que era de esperar un gran entendimiento entre los dos científicos, pero, curiosamente, no fue así. El comentario de Einstein sobre Poincaré no fue muy elogioso: «Es visible una vez más que Poincaré, o no entendió nunca, o no aceptó, la Teoría especial de la Relatividad»[13].

Del trato que tuvo Einstein con madame Curie en el Congreso de Solvay surgió una amistad que los relacionaría durante toda la vida. En 1913 proyectaron una excursión por las montañas al finalizar el semes-

---

[12] Esta cita se puede encontrar en las biografías de Madame Curie. Por ejemplo, en la escrita por su hija, que también fue premio Nobel de Química de 1935: Irene Curie: *La vida heroica de Marie Curie descubridora del radium contada por su hija*, 19ª ed., 1945, 1ª ed. 1937, Espasa-Calpe Argentina, p. 10, o en: *Marie Sklodowska Curie*, Ediciones. Rueda J.M.S.A., 6ª ed., 1996, p. 144.

[13] Pais, Abraham: *El Señor es sutil... La ciencia y la vida de Albert Einstein*, Ariel, Barcelona, 1984, p. 177.

tre escolar. La excursión la realizaron Marie Curie con sus dos hijas, Irene y Eva, y Albert Einstein con su hijo mayor, Hans Albert. En la biografía de Marie Curie, escrita por su hija, deja constancia de la excursión relatando lo deliciosa que fue para los niños y lo divertido que resultaba escuchar a Marie Curie y a Albert Einstein, hablando medio en francés y medio en alemán sobre cuestiones de física.

Ver a un pacifista como Einstein vestido de uniforme tiene que resultar un espectáculo curioso cuando no paradójico. Einstein, que había evitado el servicio militar tanto en Alemania como en Suiza, iba a ponerse el uniforme con sable en Praga. Es una anécdota que cita Philipp Frank[14], su sucesor en la Cátedra de Praga, y luego es recogida por sus biógrafos más importantes, como Carl Seelig[15] o Banesh Hoffmann[16]. Se trata del uniforme que debían llevar todos los profesores austríacos al prestar juramento de fidelidad. Einstein no podía ser una excepción y tuvo que hacerse el vistoso uniforme que incluía, entre otras cosas, un tricornio con plumas, galones y una espada. Parecía «el uniforme de un oficial de marina»[14]. Einstein lo usó sólo esa vez, y relata Frank: «Se lo compré por la mitad del precio que le había costado. [...] Su hijo, que tendría entonces unos ocho años, le pidió: "Papá antes de entregar el uniforme debes ponértelo una vez y llevarme a dar un paseo [...]" Einstein se lo prometió diciendo: "No me importaría hacerlo; lo menos que la gente pensaría al verme es que era un almirante brasileño"»[14].

Unos seis años después de la marcha de Einstein de Praga, desaparecía la monarquía austriaca y se instauraba la república checoeslovaca en Praga. Desaparecía así el juramento de fidelidad al emperador y el famoso uniforme al que nos hemos referido.

Durante la estancia de Einstein en Praga ya se habían manifestado los problemas matrimoniales entre él y su mujer Mileva, que terminarían en divorcio en 1919, precedidos de la separación entre ellos. Mileva deseaba volver a Zúrich. Einstein también prefería Zúrich, pero no había recibido una oferta mejor que la de Praga, aunque no tardaría en recibirla. Y, por otro lado, se encontraba absorto por completo en su problema de la relatividad general.

El nombre de Einstein iba siendo conocido en los círculos científicos, y no llevaba mucho tiempo en Praga, cuando comenzaron a llegarle ofertas de otras universidades. La Universidad de Utrecht quería hacerse con sus servicios, también la de Leiden en Holanda, donde enseñaba Lorentz, que ya pensaba en su jubilación y quería que Einstein fuera su sucesor.

---

[14] Frank, Philipp: *Einstein, op. cit.*, p. 139.
[15] Seelig, Carl: *Albert Einstein, op. cit.*, p. 148.
[16] Hoffmann, Banesh: *Einstein, op. cit.*, p. 94.

También la Universidad de Viena le había hecho una oferta económica excelente, muy superior a cualquier otra, y finalmente la Escuela Politécnica de Zúrich, en la que Einstein había estudiado. No se trataba de la Universidad de Zúrich, en la que acababa de estar antes de ir a Praga y que dependía del cantón de Zúrich, sino de la más prestigiosa «la Politécnica», que era federal y dependía del gobierno central. Su viejo amigo Marcel Grossmann había alcanzado ya la categoría de profesor en la Politécnica, y estaba interesado, juntamente con otra serie de compañeros, en volver a traer a Einstein a Zúrich. Sabían que Einstein quería volver a Zúrich y encargaron a Grosmann la misión de convencerlo.

Grossmann escribió a Einstein comentándole la posibilidad de retornar a la escuela de sus años de estudiante en calidad de Catedrático de la sección VIII (estudios de profesorado de matemáticas y física).

En la ETH de Zúrich habían pensado que, para aprovechar mejor las cualidades de Einstein, convenía que se encargara de cursos avanzados con pocos alumnos de buena formación.

Al final Einstein prefirió la oferta de la Politécnica de Zúrich y regresó a su ciudad de estudiante en 1912. Allí se encontró con su viejo amigo Grossmann, ahora convertido en Catedrático de Matemáticas y Director de la sección VIII.

Einstein regresaba triunfalmente a la Politécnica de Zúrich, donde no había aprobado el examen de ingreso 17 años antes, y donde no había conseguido un puesto de ayudante 12 años antes, en contraste con sus tres compañeros de promoción que se quedaron allí. Y ahora volvía convertido en el orgullo de la Politécnica.

Einstein estaba entonces inmerso en pleno proceso de creación de la relatividad general, y se encontraba con dificultades matemáticas que no sabía superar. En esos momentos lamentó no haber prestado más atención a las explicaciones de los excelentes profesores de Matemáticas que había tenido, como Minkowski y Hurwitz.

Acudió una vez más a su fiel amigo Marcel Grossmann, quien le informó de cómo y dónde podría aprender las matemáticas que necesitaba para su Teoría de la Relatividad general. Siguiendo el consejo de su amigo tuvo que estudiar los avances recientes en matemáticas, como los trabajos de Levi-Civita y Ricci.

En vista de la situación que se le presentaba, Einstein consideró que lo mejor sería establecer una colaboración con su amigo Grossmann. Y, efectivamente, así lo hicieron. Fruto de esa colaboración fueron varios artículos que publicaron conjuntamente. Grossmann se responsabilizaba de la parte matemática y Einstein de la física.

Einstein señalaría un poco humorísticamente que Grossmann como matemático se mostraba un poco escéptico sobre el contenido físico de las publicaciones.

Bastante plácidamente transcurría la vida de Einstein en esta segunda etapa como profesor en Zúrich, hasta que un suceso vino a modificar una vez más su vida: la visita de los dos científicos alemanes más importantes de la época con un ofrecimiento para que se traslade a Berlín.

VIII.   EINSTEIN ACADÉMICO
(Berlín, 1914-1932)

Planck había seguido la trayectoria de Einstein desde 1905, cuando aconsejó publicar los artículos de éste. En 1913 Einstein era ya un científico reconocido.

En la primavera de 1913 se desplaza, junto con Nernst, a Zúrich para visitar a Einstein y hacerle una oferta. Es una oferta muy tentadora. Se trata nada menos que del puesto de investigador en la insigne Academia Prusiana de Ciencias.

Por una parte, le ofrecerán el ingreso en la Real Academia Prusiana de Ciencias con sede en Berlín, la más prestigiosa del mundo en aquel momento; por otra, la dirección del Instituto de Física Kaiser Wilhem, que se proyectaba crear, y finalmente su ingreso en la Universidad de Berlín como profesor con categoría de catedrático con un status curioso: no tendría obligación de dar clases, salvo las que él quisiera. Esto debió de satisfacer a Einstein por su aversión a impartir cursos regulares. Tampoco tendría ninguna obligación burocrática ni administrativa, ni por supuesto obligación de participar en exámenes de alumnos ni de selección de profesorado. Y el sueldo sería mucho mayor del que recibía en Zúrich.

Einstein no pudo resistir la oferta que le permitiría dedicarse íntegramente a la investigación, aunque también temía la presión de dedicarse exclusivamente a ello, porque «los descubrimientos no pueden hacerse cuando uno quiere, y si no descubro nada, defraudaré a quienes me pagan y les estafaré el sueldo»[1].

Algunos biógrafos señalan que además de los motivos profesionales influyeron motivos personales en su decisión. Parece ser que su prima Elsa, amiga de la infancia, vivía en Berlín.

En cualquier caso, Einstein tuvo que sentirse honrado de poder conocer y trabajar con los mejores científicos del mundo. A los treinta

---

[1] Frank, Philipp: *Einstein*, José Janés Ed., Barcelona, 1949, p. 153.

y cuatro años se le ofrecía pertenecer a la Academia, lo cual deseaban muchos científicos brillantes, algunos residentes en el mismo Berlín. De todas formas había que formalizar la entrada de Einstein en la Academia. Se había producido la baja de Van't Hoff, que era la vacante que habían pensado que ocupara Einstein. Planck y Nernst, juntamente con Rubens y Warburg, realizaron la propuesta formal en sesión de la Academia del 12 de junio de 1913.

El 3 de julio se produce la votación, y Einstein es elegido por 21 votos a favor y uno en contra.

Antes de abandonar Zúrich, Einstein participa en un congreso de físicos a finales de 1913 en Viena. Aprovecha la ocasión para conocer a un físico que gozó de su admiración: Ernst Mach. Su obra *La Ciencia de la Mecánica* había impresionado a Einstein en su juventud. Durante la conversación comprueban que tienen puntos de vista parecidos en determinados aspectos, pero Einstein discrepa con Mach porque éste no acepta la teoría atomística de la materia.

El 7 de diciembre de 1913 se produce la aceptación oficial de Einstein. Se dispone, pues, a abandonar Zúrich. Piensa en instalarse en Berlín con su mujer y sus dos hijos. Aunque su matrimonio atravesaba por dificultades, todavía no se había producido la separación. De todas formas, posiblemente, a su mujer, Mileva, no le agradaría la idea de abandonar Zúrich, como no le agradó la idea de abandonarlo la vez anterior para establecerse en Praga. Aún así en abril de 1914 se trasladan los cuatro a Berlín. Allí no tardaría en sobrevenir la separación. Parece que a medida que Einstein va consolidándose profesionalmente, su situación personal y familiar se va deteriorando. Aún no ha llegado la frase de «incompatibilidad de caracteres» que pronunciará el juez al concederles el divorcio en 1919, pero los problemas matrimoniales, arrastrados desde Praga, no hacen más que aumentar.

Poco tiempo llevaban viviendo en Berlín, cuando el matrimonio de los Einstein acuerda la separación. Mileva con los niños se volverán a Zúrich y Einstein se trasladará a un apartamento.

Durante su estancia en la Academia, Einstein tendrá ocasión de participar en las sesiones junto a los primeros científicos mundiales, como Planck, von Laue, James Franck, Nernst, Schrödinger y Lisa Meitner, muy apreciada por Einstein y a quien apodaba cariñosamente «nuestra Madame Curie».

El comienzo de la guerra de 1914 despertó un gran sentimiento nacionalista en Alemania del que Einstein no participaba. Desde ese punto de vista se encontraba en una situación incómoda. Se le miraba con recelo cuando no con desprecio o se le tildaba de renegado. Afortunadamente, Einstein tenía a su favor la ciudadanía suiza, que nunca abandonaría.

Era conocido su antimilitarismo y su pacifismo. Además nunca lo ocultó. Frases duras dedicó a la milicia: «[...] la odiada milicia [...] marcando el paso a los acordes de una marcha militar, merece la fórmula más ínfima de mi desprecio [...]»[2].

Se insinuaba que no existía un respaldo por parte de las instituciones culturales al movimiento militarista existente. Para desmentirlo apareció el «manifiesto de los 92 intelectuales germanos». Uno de los que no firmó fue Einstein.

Su vida durante estos años no es fácil, y es precisamente en este período cuando está gestando la Teoría de la Relatividad general. El tópico de sabio distraído y la vida bohemia que llevaba Einstein en Berlín quedan muy bien reflejados en el relato[3] que hace, en mayo de 1917, en plena guerra, un estudiante suizo, Rudolf Jakob Humm, quien posteriormente se convertiría en escritor, y que fue a visitarlo a Berlín. En él explica como Einstein lo recibió descalzo, y mientras intercambiaban las primeras frases, aprovechó para ponerse unas sandalias. Prosigue su relato diciendo que, a continuación, Einstein leyó una carta y después telefoneó al profesor Berliner, y que al terminar fue cuando le preguntó lo que deseaba. Humm había ido a solicitarle tres de sus trabajos. Continúa Humm: «Uno de ellos lo buscó durante mucho tiempo, extrañado de no encontrarlo; se quejó de su desorden y de su falta de memoria. [...] Íbamos de habitación en habitación y nos deteníamos perplejos ante las estanterías. [...] Estuve allí hora y media [...] y además aún lo acompañé luego a comprar tabaco. [...] Decía que no se le da bien el cálculo; su trabajo es más bien de imaginación [...]»[3].

Aunque el propio Einstein reconocía su falta de sentido práctico: «Soy el hombre menos práctico del mundo»[4] llegaría a decir, sí que había efectuado diferentes inventos de aplicación práctica, muchos de ellos en colaboración con Szilard, físico húngaro, con el que luego coincidiría en Princeton, y cuyas patentes aún se conservan.

En 1918, con el final de la Primera Guerra Mundial, se proponen en Zúrich rescatar a Einstein, y la Universidad de Zúrich conjuntamente con la ETH de Zúrich le hacen un ofrecimiento, que es declinado por Einstein. Considera que aceptarlo sería una traición a la gente de Berlín. A pesar de ello, Einstein acepta dar 24 conferencias sobre relatividad en

---

[2] *Ibíd.*, pp. 218-219.
[3] Seelig, Carl: *Albert Einstein*, Espasa Calpe, Madrid, 1968, p. 185.
[4] *Ibíd.*, p. 190.

la Universidad de Zúrich. Comenzarán el 20 de febrero de 1919 y durarán hasta el 25 de junio con gran éxito de público.

La actividad de Einstein es enorme y ello va a repercutir en su salud. Con su traslado a Berlín, Einstein había vuelto a cambiar de trabajo. La vida de Einstein en estos últimos años ha sido muy ajetreada. Recordemos que, en 1902, había comenzado a trabajar en la Oficina de Patentes de Berna. En 1908 aparece como pluriempleado, porque comienza simultáneamente a trabajar en la Universidad de Berna. En 1909 renuncia a ambos puestos y comienza a trabajar en la Universidad de Zúrich. A los dos años renuncia también a este puesto, y en 1911 se traslada a Praga como profesor de la Universidad alemana de Praga. Al año siguiente, 1912, vuelve a cambiar y se traslada de nuevo a Zúrich, como profesor de la ETH. Y no habían pasado dos años, cuando en abril de 1914 Einstein se traslada a Berlín para ocupar la última plaza que desempeñaría en Europa. Además Einstein era profesor visitante (o supernumerario) en Leiden (Holanda) desde 1920, donde dictaba cursos de varias semanas al año, que finalizaron en 1930, aunque oficialmente se prolongaron hasta 1952. Una actividad vertiginosa, que simultanearía con innumerables viajes. Pero todo ello, unido a la época de escasez que se cernió sobre Alemania después de agosto de 1914 con el inicio de la Primera Guerra Mundial, le pasaría factura y se vería obligado a guardar cama durante varios meses con problemas de hígado, úlcera de estómago, y otros problemas médicos importantes. Él se lamentaría más tarde diciendo que no creía que volviera a tener la vitalidad perdida.

En 1918 puede leerse en una carta de Einstein a Weyl el 8 de marzo de 1918: «Hace ya casi tres meses que estoy en cama»[5].

Su prima Elsa, que vive en Berlín, le ayuda y la familia de ella le proporciona alimentos adecuados, difíciles de obtener en aquella época. Einstein pasará en cama muchos meses durante la guerra. Los cuidados de su prima Elsa serán determinantes para que Einstein vaya recuperando la salud. Mientras tanto, su mujer Mileva no ha querido trasladarse de Zúrich a Berlín, y Einstein encuentra dificultades para mandarle dinero.

En este año, 1919, se produce el divorcio de Einstein, y el 2 de junio se casa con su prima Elsa Einstein Löwenthal. El parentesco lo era por partida doble. El padre de Elsa era Rudolf Einstein, primo del padre de Albert, y la madre de Elsa era Fanny Koch, hermana de Pauline Koch, la madre de Albert.

---

[5] *Ibíd.*, p. 198.

A partir de ese momento parece que se acabó la vida bohemia de Einstein. Pasó a formar parte de una familia de clase media. Elsa tiene dos hijas de su primer matrimonio, Ilse y Margot, que vivirán con ellos.

En el año 1919 se convierte Einstein, súbitamente, en una celebridad mundial a todos los niveles. Una de las personas más famosas del mundo. Coincide con el resultado de las expediciones que se organizan en Inglaterra para comprobar si los rayos de luz son desviados al pasar cerca del Sol, según predice la teoría de Einstein. El responsable del proyecto es el astrónomo británico Sir Arthur Eddington. Se organizan dos expediciones. Se confirman las predicciones de Einstein y los periódicos se hacen eco con grandes titulares.

Durante la década de 1920 Einstein viaja incansablemente por Europa, América, Japón y Palestina hablando sobre temas diversos que van desde pacifismo hasta el destino del pueblo judío.

Pero el año 1920 estará marcado por un triste suceso: la madre de Einstein, gravemente enferma, se había trasladado a casa de su hijo en Berlín en 1919, donde permanecerá hasta su muerte en marzo de 1920.

En este mismo año (1920) Einstein acepta un puesto como profesor visitante en Leiden, la más prestigiosa universidad holandesa y una de las mejores de Europa. Es la Universidad de Lorentz, el científico más admirado por Einstein. Todo queda dispuesto a su conveniencia. Einstein podrá ir en las fechas que elija, durante cortos períodos de tiempo para impartir los cursos que desee. Einstein estará muy cómodo allí, «yendo y viniendo en calcetines y suéter»[6]. Lorentz desea que sea su sucesor en Leiden, pero Einstein no desea abandonar su puesto en Berlín de forma permanente. Finalmente será Ehrenfest, el amigo de Einstein, el que sustituirá a Lorentz cuando llegue su jubilación.

Einstein se siente muy a gusto en Leiden. A ello contribuye la amistad que le profesan Paul Ehrenfest y su mujer Tatiana Afanassjewa, en cuya casa se aloja. Ehrenfest será testigo de la famosa controversia Einstein-Bohr. Precisamente es en 1920 cuando Einstein conocerá al científico danés Niels Bohr, con el que mantendrá una de las discusiones más famosas de la ciencia y que durará 30 años, sin que ninguno de los dos logre convencer al otro. A pesar de las discusiones científicas, los dos hombres se profesaban aprecio mutuo. Einstein dirá: «Estoy prendado de él». En una de las célebres discusiones Paul Ehrenfest reconocía casi con lágrimas en los ojos que en esa ocasión la razón no estaba de parte de su «amado Einstein», tal era el aprecio y admiración que le tenía.

---

[6] Pais, Abraham: *El Señor es sutil... La ciencia y la vida de Albert Einstein*, Ariel, Barcelona, 1984, p. 317, cita tomada de Uhlenbeck: *Some Strangeness in the proportion*, Addison Wesley, Reading Mass., 1980, p. 524.

Einstein se sentía feliz en esa casa. Entre otras cosas le permitían que le acompañara Lina, así denominaba a su inseparable violín. A la inquietud de Tatiana respecto a la posible incomodidad que podía encontrar él en aquella casa, contestaba Einstein feliz: «Qué otra cosa necesita un hombre sino un violín, una cama, una mesa y una silla»[7].

También se lamentaba de la desproporción que observaba en el trato que daba el público a su Teoría de la Relatividad frente a otros de sus descubrimientos: «¿Por qué charlan siempre las gentes de mi Teoría de la Relatividad? También he hecho otras cosas útiles, incluso quizá aún mejores. Pero de ellas no hace ningún caso el público»[8].

Durante toda la guerra Einstein mantuvo su posición pacifista, pero esto no fue fruto de ninguna ideología política, sino de sus convicciones íntimas de carácter humanitario.

En 1921 viaja por primera vez a Estados Unidos. Ha decidido acompañar a Chaim Weizmann, que más tarde será presidente de Israel, con el objeto de obtener fondos para la Universidad Hebrea de Jerusalén y el futuro Estado de Israel.

Einstein, en un principio, no simpatizaba con el movimiento sionista por lo que tenía de nacionalista, sin embargo, decidió apoyar a Weizmann. Einstein consideraba importante que los judíos tuvieran oportunidades de estudio en la Universidad Hebrea. Esa razón le parecía suficiente para aceptar acompañar a Weizmann, y, además, Einstein deseaba conocer América. Había dicho que mientras vivió en Suiza no se dio cuenta de que era judío, pero en Berlín vio judíos jóvenes vivir en condiciones de miseria. La injusticia social siempre sublevó a Einstein, y la causa en la que ahora se embarca, aunque con alguna reserva inicial, le parece buena.

Einstein sabe que su figura se utilizará como reclamo publicitario, pero no le importa. Considera justa la causa.

En Berlín se había despertado el interés de Einstein por el pueblo judío. El sentimiento de identidad de Einstein con el pueblo al que pertenecía parece ser que se forjó aquí, y que fue Blumenfeld, Secretario General de las Organizaciones Sionistas del Mundo, el que más hizo a este respecto. A él encargaría posteriormente sus discursos sobre temas sionistas. Y también a él se debió la labor de convencimiento sobre Einstein para que acompañara a Weizmann a Estados Unidos a fin de recaudar fondos para la Universidad Hebrea de Jerusalén.

---

[7] Seelig, Carl: *Albert Einstein,op. cit.,* p. 237.
[8] *Ibíd.,* p. 237.

Como anécdota de las dificultades que entrañaba entender la Teoría de la Relatividad, cuenta el poeta ruso Ossip Dymow, que se hallaba entre la multitud que esperaba a Einstein, que le preguntó a Chaim Weizmann, que era catedrático de Química en la Universidad de Manchester (Inglaterra), si entendía la Teoría de la Relatividad y que éste humorísticamente le contestó: «Durante la travesía me ha explicado Einstein a diario su teoría, y al llegar aquí he tenido que reconocer que verdaderamente la entiende»[9].

También a su mujer Elsa le preguntaron si entendía la Teoría de la Relatividad: «¡Oh, no! Aunque me la ha explicado muchas veces no la comprendo; pero no necesito comprenderla para ser feliz»[10].

La llegada a Estados Unidos iba a representar un éxito popular sin comparación con los fenómenos importantes de masas que se habían producido en Europa. La Teoría de la Relatividad disfrutaba de tal éxito en Estados Unidos, que en 1921 un millonario americano ofreció un premio de 5.000 dólares al mejor trabajo sobre el tema que consiguiera resumirlo en menos de 3.000 palabras. Einstein comentaba jocosamente que de todos sus amigos, él era el único que no participaba en el concurso.

El recibimiento en Nueva York fue apoteósico. Multitudes de personas, incluidos fotógrafos y periodistas, como no se había visto antes en Europa aclamaban a Einstein. El ayuntamiento de Nueva York quiso nombrarle hijo predilecto de la ciudad.

Einstein llegó a decir: «Me siento como una prima donna».

El entusiasmo popular le acompañó durante todo el viaje. Todo el mundo quería conocer a Einstein. Hasta el presidente de los Estados Unidos, Warren Harding, recibió a Einstein en Washington.

Ante tal ola de entusiasmo, Einstein comentó humorísticamente que podía ser motivo de un estudio psicopatológico. También afirmó que quizá se debiera a que la gente esperaba encontrar en su teoría algo misterioso y místico, que realmente no tenía, que de eso era casi de lo único de lo que no se podía acusar a su teoría.

Durante la campaña de recaudación de fondos, Einstein generalmente permanecía sentado en silencio mientras escuchaba el discurso de Weizmann, pero en algunas ocasiones se veía forzado a intervenir.

En Princeton le esperaban para oír las primeras conferencias que pronunciaría en Estados Unidos. Lo hizo en alemán. Todavía no se sentía seguro en inglés. Contra su deseo estaba aprendiendo una nueva lengua.

---

[9] *Ibíd.,* pp. 101-102.
[10] Frank, Philipp: *Einstein, op. cit.,* pp. 248-249.

También visitó Chicago y Boston. En Boston le enfrentaron con un cuestionario que había realizado Edison, quien ponía en tela de juicio la utilidad práctica de la enseñanza universitaria, que consideraba muy teórica. La primera pregunta era: «¿Cuál es la velocidad del sonido?». Einstein dijo que él no la sabía contestar: «procuro no recargar la memoria con datos que puedo encontrar fácilmente en cualquier libro de texto»[11]. Era evidente que Einstein no compartía la opinión de Edison sobre la enseñanza universitaria.

En el viaje de regreso a Europa, la familia Einstein se detuvo en Gran Bretaña. Allí continuó la campaña de agasajos al sonido del nombre de Einstein. Fue huésped del ministro de la Guerra y gran Canciller, Lord Haldane.

Como ya hemos dicho, la Teoría de la Relatividad había sobrepasado con mucho los límites de la ciencia. En un banquete que organizó Lord Haldane en honor de Einstein, el arzobispo de Canterbury se las arregló para que le sentaran junto a Einstein. Quería hacerle una pregunta: «¿Qué efectos podía tener sobre la religión la Teoría de la Relatividad?». La respuesta de Einstein fue rápida, breve y contundente: «Ninguno. La relatividad es un asunto puramente científico que nada tiene que ver con la religión»[12]. A pesar de la respuesta de Einstein, la relatividad había traspasado las fronteras de la ciencia y en todas las disciplinas se especulaba con ella, desde el arte al Marxismo, o desde la psicología a las ciencias sociales, o desde la filosofía a la teología. Pueden verse publicaciones en revistas de investigación como *Una nueva Psicología a la manera de Einstein*[13] o *Relatividad y Materialismo*[14] o *Arte y Relatividad*[15] y muchas otras.

También en 1922 Einstein da por primera vez conferencias sobre la relatividad en Francia. El 31 de marzo en París tendrá lugar su primera conferencia. Apadrinado por Paul Langevin, Einstein comienza hablando en francés, pero tiene cerca a Langevin que le ayudará con las palabras difíciles.

---

[11] *Ibíd.*, p. 256.

[12] *Ibíd.*, p. 262.

[13] Squires, Paul Chatham: *A New Psychology after the Manner of Einstein*, The Scientific Monthly, vol. XXX, enero-junio 1930, pp. 16-157 y 159-163, reproducido en *La teoría de la relatividad*, Alianza Editorial, Madrid, 1973, pp. 157-163.

[14] Elliot, Hugh: *Relativity and Materialism*, Nature, vol. CVII, diciembre de 1991, p. 422, reproducido en *La teoría de la relatividad*, Alianza Editorial, Madrid, 1973, pp. 147-149.

[15] Craven, Thomas Jewell: *Art and Relativity*, The Dial, vol. LXX, enero-junio 1921, pp. 535-539, reproducido en *La teoría de la relatividad*, Alianza Editorial, Madrid, 1973, pp. 152-156.

Curiosamente, contra lo que era de prever, el científico francés que más se acercó a la Teoría de la Relatividad, que era Henri Poincaré, no se ha mostrado convencido por Einstein. Sus propios descubrimientos le habían llevado a una posición muy cercana a la de Einstein, pero no se había atrevido a dar el último paso que hubiera significado la ruptura con la física clásica, y ahora no parecía a gusto con la teoría de Einstein y pocas veces habla de él. Amargamente se quejará Einstein en alguna ocasión: «Poincaré no entiende o no acepta la Teoría de la Relatividad». El papel que había sido destinado a Poincaré lo desarrollará Langevin con gran entusiasmo. Publicará investigaciones propias en el campo de la relatividad y hará famosa la paradoja de los gemelos con su ejemplo del astronauta que embarca en una nave espacial que se mueve muy rápidamente y al regresar a la Tierra se encuentra a su hermano gemelo más viejo que él. También se conoce con el nombre de «el viajero de Langevin».

En abril de 1922 habla en la Société Française de Philosophie en presencia del filósofo Henri Bergson, que discrepa con el concepto de simultaneidad propuesto por Einstein, y le replica sobre el mismo ejemplo del tren y el andén que Einstein repetía con tanta frecuencia y que describía en su libro. (Ejemplo explicado en el capítulo *La paradoja del tiempo*). Einstein explica que la simultaneidad es diferente en el sistema del tren y del andén, y Bergson replica que el observador sólo puede estar en un sistema de los dos, que será en el que efectúe las medidas, y en el otro sistema no se ha efectuado ninguna medida. Einstein contesta que «no se puede confundir el tiempo físico con el tiempo filosófico (que es a la vez psicológico y físico)»[16].

En 1922 es designado miembro de la *Commision pour la Cooperation Intellectuelle* de la Liga de Naciones, organismo de la Sociedad de Naciones. En este puesto, en que tendrá como compañera a su amiga Marie Curie, se mantendrá durante un año. Al cabo del año dimitirá: «Como pacifista convencido no creo de ninguna utilidad tener relación alguna con la Liga»[17].

Esta decisión de Einstein motivó una carta de Marie Curie a Einstein lamentándolo. Einstein volvería en 1924 a ocupar su puesto en la Liga, diciendo que se alegraba de la existencia de ésta.

En estos años Einstein estaba envuelto en una vorágine de viajes. A finales de 1922 (noviembre-diciembre), viajó a Japón.

---

[16] Glick, Thomas F: *Einstein y los españoles*, Alianza Editorial, Madrid, 1986, p. 205, cita tomada de Bergson: *Durée et simultanéité* Paris, Felix Alcan, 1922, p. 135-139. Bulletin de La Société Française de Philosophie, 17, 1922, p. 107.

[17] Frank, Philipp: *Einstein, op. cit.*, p. 214.

Durante la travesía recibió un telegrama en que le comunicaron la concesión del premio Nobel de Física del año 1921 por «sus contribuciones a la física teórica y especialmente por su descubrimiento de la ley del efecto fotoeléctrico». Naturalmente no pudo asistir personalmente a recogerlo, lo cual creó un problema de competencias, dado que Einstein mantenía la ciudadanía suiza, pero por otro lado era funcionario alemán como correspondía a su cargo en Berlín, y el gobierno alemán aseguraba que para ser funcionario alemán había que tener la nacionalidad alemana. Esta situación se comentará más ampliamente en el capítulo: *Premio Nobel*.

En noviembre de 1922 es recibido en Japón por la emperatriz, que conversará con él en francés.

Tampoco Japón se había librado del influjo de la relatividad y también aquí las multitudes se agolpan ávidas de escuchar y ver a Einstein.

En una de las primeras conferencias Einstein se extiende demasiado y, contando el tiempo de la traducción, el acto duró cuatro horas. Así que Einstein prepara recortes para la siguiente conferencia y consigue reducir la duración a dos horas y media. A pesar de la cortesía oriental Einstein debió de notar algo tan extraño en el comportamiento del público, que insistió para que le contaran lo que pasaba. Finalmente se lo dijeron. El público se sentía ofendido, porque sabían que la conferencia anterior que había pronunciado había durado cuatro horas, mientras que la suya sólo había durado dos horas y media.

En 1923 visitará por primera vez tierra palestina, también visitará por primera y última vez España. El rey Alfonso XIII había manifestado deseos de conocerlo y el 4 de marzo de 1923, Einstein y el Rey se verán en la Real Academia de Ciencias. De su encuentro queda constancia en algunas fotografías.

La visita de Einstein a España, y el ofrecimiento que se le hizo de que ocupara una cátedra en la Universidad de Madrid será tratado con más amplitud en el capítulo titulado: *Einstein en España*.

Einstein viaja a Sudamérica durante los meses de mayo y junio de 1925. Visitará Buenos Aires (Argentina), Río de Janeiro (Brasil) y Montevideo (Uruguay). En Buenos Aires se encontró con el gran matemático español Julio Rey Pastor.

En 1928 sufre problemas de salud originados por agotamiento físico que le obligan a guardar cama durante cuatro meses. Padecía una dilatación del corazón. Estos contratiempos le deciden a contratar a una secretaria. Elegirá a Helen Dukas, que permanecerá con él hasta su muerte y se convertirá, con el paso del tiempo, en ayudante, vigilante cuidadora, cocinera y persona de confianza, sobre todo desde la muerte de Elsa, la esposa de Einstein. Durante esos casi 20 años últimos Helen Dukas será imprescindible. Como ella confesó, a pesar de trabajar durante 27 años para Einstein, nunca dejó de sentir cierta timidez en su presencia y siempre le inspiró mucho respeto.

Aunque consiga recuperarse de sus dolencias debe guardar una dieta alimenticia, y el estado de debilidad producido le durará más de un año.

En 1929 Einstein cumplió 50 años. Para celebrarlo varios amigos le habían regalado un velero, ya que la vela era el único deporte que practicaba. Se reconocía demasiado perezoso para los demás deportes.

Las autoridades de Berlín decidieron ofrecer a Einstein un regalo de cumpleaños. Conocida su afición a la vela y dado que ya poseía un velero, pensaron que una casita junto al río Havel sería un detalle muy apropiado. Einstein agradeció el regalo, pero el problema surgió cuando comprobaron que la casita estaba habitada. El ayuntamiento, en vista de la situación, prefirió ofrecerle a Einstein el terreno que él eligiera, siempre que fuera del ayuntamiento, y luego construirían la casa. Así lo hicieron y los Einstein encontraron un lugar en Caputh que les agradó, pero esta vez surgió otro problema para construir la casa. Dada la demora que estaba sufriendo todo el proceso, Einstein exasperado renunció a que continuaran los trámites de la construcción e invirtió la mayor parte de sus ahorros en pagar él mismo la construcción.

En 1930 la Escuela Politécnica de Zúrich, en la que él estudió, le concede el *doctorado honoris causa*. En este mismo año nace su primer nieto, hijo de Hans Albert.

Einstein recibirá una invitación para dar un curso durante el invierno de 1930-31 en el Instituto de Tecnología de California (Institute of Technology of California), abreviadamente conocido como CalTech. Está situado en Pasadena. Acepta la invitación y embarca para Estados Unidos en diciembre de 1930.

Durante la visita que realizaron al observatorio astronómico situado en el Monte Wilson, a la mujer de Einstein le llamó la atención un gigantesco telescopio y preguntó su aplicación. El director que les mostraba las instalaciones le explicó que básicamente se empleaba para determinar la forma del universo. La respuesta de Elsa Einstein fue: «¿De veras? Mi marido hace lo mismo en el revés de un sobre usado»[18].

En la primavera de 1931 los Einstein regresan a Berlín. Ese mismo año Einstein escribe a Sigmund Freud con la intención de que intercambien cartas abiertas para presionar a los políticos en temas como el de la paz, y todo ello realizado bajo la protección de la Sociedad de Naciones. Einstein le planteaba a Freud, entre otras cuestiones, los motivos últimos

---

[18] *Ibíd.*, p. 207.

que llevaban a las masas a dejarse influir de una manera tan importante por los discursos políticos hasta convertirse, a veces, en una masa enardecida. Einstein le daba a Freud su propia explicación, que consistía en que en el ser humano hubiera una gran cantidad de odio y destrucción. Al parecer Freud no contestó muy diligentemente y Einstein insistió en 1932. Esta vez Freud contestó extensamente. Elogiaba la labor de Einstein para prevenir la guerra, y amablemente le explicaba su teoría sobre la pregunta de Einstein, que no coincidía con la visión de éste. Después del intercambio epistolar, no sabemos la opinión que tendría Freud sobre los conocimientos psicológicos de Einstein, pero tal vez no demasiado buena si se juzga por una respuesta que al parecer dio a la pregunta que le hicieron sobre ello. Humorísticamente respondió: «Einstein sabe de psicología lo que yo de física».

Este intercambio de cartas abiertas, como quería Einstein, se publicó en 1933.

Los años siguientes Einstein repetirá la experiencia del viaje. Al llegar diciembre de 1931 volverá a Estados Unidos, en un viaje que durará tres meses, y la mayor parte del tiempo la pasará en California (CalTech). En este viaje el alcalde de Nueva York le entregará las llaves de la ciudad. También visitará Cuba.

De nuevo en el invierno de 1932, se prepara Einstein para volver a Estados Unidos. Una vez en California se producirá un suceso que marcará el futuro de Einstein para siempre. En el año 1930 el pedagogo americano Abraham Flexner recibió el encargo de organizar una institución universitaria especial en Estados Unidos. El millonario americano Louis Bamberger y su hermana habían donado cinco millones de dólares para esa misión. Se pretendía fundar un Instituto de Estudios Avanzados (Institute for Advanced Study) donde se impartirían cursos avanzados y de postgrado a alumnos que ya hubieran terminado el doctorado en las distintas universidades americanas. De esta forma podrían continuar su trabajo de investigación en un centro especial bajo la dirección de un profesorado excelente. La exigencia en el nivel de preparación del profesorado se quería que fuera muy alta. Solamente figuras de gran relevancia mundial serían invitadas. Estos profesores no tendrían prácticamente obligaciones como tales, en el sentido de no tener obligación de impartir cursos regulares ni de efectuar labores administrativas. En resumen, libertad absoluta para poder seguir realizando sus investigaciones sin otro tipo de preocupaciones.

Por consejo de Millikan, Flexer visitó a Einstein en el CalTech temeroso de incomodar al legendario sabio con cuestiones referentes a la organización del centro proyectado. No había pensado en ofrecer el puesto de profesor a Einstein por creer que no aceptaría. A pesar de su temor inicial encontró a Einstein muy receptivo, tanto que convinieron en seguir hablando del tema en Inglaterra, durante el verano, con ocasión de la visita de Einstein. El interés de Einstein iba en aumento y acordaron proseguir las conversaciones en Alemania. Se verían en Caputh durante el verano de 1932.

Su entusiasmo por el tema hay que relacionarlo con la visión de futuro que tenía sobre Alemania. La situación había cambiado mucho. Se había producido un gran ascenso del partido nacional-socialista con su líder, Hitler, al frente y Einstein previó lo que sucedería. Realmente lo había previsto mucho antes según cuenta Frank, que en 1921 con motivo de una conferencia que dio Einstein en Praga, éste le comentó que «no creía que pudiera vivir en Alemania más que otros diez años»[19]. Se equivocó en dos años. De hecho ya en julio de 1922 le habían advertido que no apareciera en público en Alemania por su propia seguridad. A partir del asesinato en junio de 1922 del ministro de Asuntos Exteriores alemán Walther Rathenau, que además era judío, Einstein había comenzado a sentirse inseguro en Alemania.

Quedaba pendiente la cita con Flexner, que se trasladó a Caputh para continuar la entrevista con Einstein. Flexner ha dejado por escrito una descripción cuidadosa de la entrevista en la que Einstein acepta incorporarse al Instituto de Estudios Avanzados de Princeton, y tiene lugar la famosa escena en que le piden que escriba sus condiciones. Einstein se adjudica un sueldo de 3.000 dólares al año, que será juzgado casi ridículo por Flexner, quien se lo eleva a 15.000 dólares anuales diciéndole que no estaría bien visto que ganase casi lo mismo que un conserje.

De todas formas antes de incorporarse al Instituto debe cumplir su contrato con el CalTech.

Einstein ya comprendía que sus días en Alemania tocaban a su fin, pero aún así todavía soñaba con repartir el tiempo entre Berlín y Princeton, cinco meses en Princeton y siete en Berlín. Cuando en 1932 dejan Caputh, Einstein le dice a su mujer que contemple el hotelito de Caputh, «porque no lo volverás a ver»[20].

A finales del año 1932 se embarca de nuevo para Estados Unidos, donde permanecerá dos meses. La mayor parte del tiempo lo pasará en California (CalTech), pero en diciembre de 1932 se marchará de Alemania y nunca más volverá.

Al poco tiempo de su llegada a Estados Unidos, en enero de 1933, fue designado Hitler primer ministro de Alemania. Einstein se trasladó a

---

[19] *Ibíd.*, p. 246.
[20] Frank, Philipp: *Einstein, op. cit.*, p. 312.

Nueva York para ver al embajador alemán. Éste, oficialmente, le dijo que no tenía nada que temer en su vuelta a Alemania si no había cometido ningún delito. Sin embargo, poco después, hablando informalmente le dijo: «[...] hace bien al no volver»[21].

Einstein no volvió a poner los pies en Alemania, pero sí regresó al continente europeo.

Se embarcó en la primavera de 1933 con intención de evaluar la situación desde Bélgica, donde contaba con la amistad de la reina Isabel, con quien se reuniría varias veces.

En Alemania había surgido una campaña contra Einstein. Su doble condición de judío y pacifista le hacían blanco de los ataques nacionalistas. Sus obras fueron quemadas públicamente delante del Palacio de la Ópera de Berlín. En las universidades los profesores se enfrentaban a un difícil dilema. Muchos no se atrevían a explicar la Teoría de la Relatividad y otros sí la explicaban pero sin mencionar el nombre de Einstein.

El famoso hotelito de Einstein en Caputh (Alemania) fue registrado por la policía, donde trataron de buscar armas escondidas allí por los comunistas. Consideraban a Einstein jefe de una conspiración. Las propiedades de Einstein y sus cuentas bancarias fueron confiscadas. La razón oficial esgrimida fue, que «evidentemente tales propiedades iban a emplearse en financiar una revuelta comunista»[22].

Se rumoreaba que se había puesto precio a su cabeza, 50.000 marcos. Cuando esto llegó a oídos de Einstein, comentó humorísticamente: «No sabía que valiera tanto».

Einstein se había instalado en un pueblecito, Coq-sur-Mer, en la costa belga, cerca de Ostende. Dados los rumores que circulaban sobre un posible atentado contra Einstein, el gobierno belga le había asignado dos guardas permanentes, que vigilaban la casa en que se alojaban los Einstein, y los habitantes del pueblo habían recibido instrucciones de no revelar datos sobre Einstein a ningún desconocido.

Relata Frank una anécdota que le sucedió ese año cuando decidió visitar a su amigo Einstein. No tuvo ninguna dificultad en llegar hasta su propia casa. Le bastó preguntar. Los policías que velaban por la seguridad de Einstein sospecharon de que se presentara un desconocido sin previo aviso y lo sujetaron, y hasta que Elsa no identificó a Frank como un amigo de la familia, no lo soltaron[23].

---

[21] *Ibíd.*, p. 322.
[22] *Ibíd.*, pp. 327-328.
[23] *Ibíd.*, p. 332.

Einstein comprendió en seguida que debía renunciar a su puesto en la Academia de Berlín para evitar a Planck, presidente de la Academia en aquella época, ponerle en la situación humillante de tener que expulsarlo por presiones políticas.

Einstein escribió su carta de renuncia en marzo de 1933, pero el asunto no terminó así, porque la Academia contestó a su escrito achacándole el no haber hablado a favor de Alemania en el extranjero. Una persona de su prestigio podía haber hecho mucho bien por su patria. También se le decía, entre otras cosas, que si no hubiera renunciado a la Academia, lo habrían expulsado.

Parece ser que esta carta de la Academia dolió a Einstein, que replicó a su vez con otra carta en la que afirmaba que hacer lo que le mencionaba la Academia habría significado renunciar a sus ideas de justicia y libertad, por las que había luchado toda su vida.

Einstein se lamentaba también de haber sido injuriado por la prensa, y acusó también a la Academia de haber tenido parte de responsabilidad en la campaña de difamación contra él por medio de sus comunicados a la prensa.

Por si todos estos contratiempos fueran pocos, ahora Einstein se veía atacado también por los liberales que le acusaban de reaccionario. El motivo era que Einstein había cambiado su tradicional postura de «pacifista», porque ahora, a su modo de entender, estaba justificado el servicio militar, ya que sólo con una organización militar se podía detener el avance militarista alemán.

De esta forma, el que antaño fuera aclamado con un entusiasmo incompresible para el mismo Einstein, era ahora objeto de furibundos ataques en Alemania.

Einstein, en lo que respecta al pacifismo, justifica su cambio de criterio durante esa época, porque no ve otra manera de detener la amenaza militar alemana, como explica en la respuesta que dio a la carta del pacifista Alfred Nahon en 1933, quien le escribió desde Bruselas el 20 de junio de 1933. Era un objetor de conciencia que acababa de refugiarse en Bélgica, y en la carta, llena de elogios y halagos para Einstein por su postura pacifista, le decía que era uno de los que más comprendía y admiraba el antimilitarismo de Einstein. La respuesta de Einstein tuvo que ser como un jarro de agua fría para Nahon, pues contenía todo lo contrario de lo que Nahon quería oír. Fechada en Coq-sur-Mer el 20 de julio de 1933, le explicaba que en las actuales circunstancias no bastaba con una postura pasiva: «[...] se lo digo sin rodeos: en las actuales circunstancias, siendo ciudadano belga, yo no rechazaría el servicio militar; lo aceptaría de buen grado, con el sentimiento de contribuir a la salvaguarda de la civilización europea»[24].

---

[24] Balibar, Françoise: *Einstein. El gozo de pensar*, Ed. B.S.A., Barcelona, 1999, p. 124.

Además de los ataques de los círculos conservadores por un lado y de los liberales por otro, se podría añadir ahora el de algunos pacifistas, pues eso revelaba la segunda carta de Nahon a Einstein al poco tiempo de recibir la respuesta de Einstein. Fechada el 5 de agosto de 1933 le acusaba prácticamente de traición.

Parece que Einstein decidió ya abandonar Europa e instalarse en Estados Unidos, cuya democracia estimaba superior a las europeas, y en octubre de 1933 embarcó en Southampton con destino a Nueva York

Tal vez Einstein no tenía intención de abandonar Europa para siempre, pero así sucedería. Se instalaría en Estados Unidos y nunca más saldría de allí. Él que tanto había viajado por tres continentes, estaba a punto de cambiar de modo de vida definitivamente. Y en muchos sentidos.

Dejó Bélgica y pasó a Inglaterra, donde permaneció muy poco tiempo. En julio fue recibido en Inglaterra por Churchill. De allí embarcó para Estados Unidos. Llegó a Nueva York en octubre de 1933. Y de Nueva York partió a Princeton, que sería su hogar durante el resto de su vida, casi 22 años.

Había recibido ofertas de diversas instituciones. Entre ellas podemos citar las siguientes: una cátedra en París, otra en Madrid, otra en Utrecht. También desde Oxford y Leiden (Holanda) le hicieron llegar ofertas académicas. Y podemos mencionar también una oferta de Weizmann para la Universidad Hebrea de Jerusalén, que es rechazada cortésmente, al igual que rechazaría finalmente todas las otras, aunque en un principio aceptara la cátedra de Madrid, pero complicaciones posteriores, incluida la guerra civil española, terminarían con el proyecto.

IX. FAMA (1919-1955)

En 1919, casi de repente, Einstein se convirtió en la persona más famosa del mundo. Antes sólo era conocido en círculos científicos de Europa y de Estados Unidos.

En Berlín, Einstein llegó a alcanzar tal fama que recibía innumerables cartas e invitaciones para dar conferencias. Él correspondió dando muchas conferencias en Europa y Estados Unidos. Sus charlas divulgativas y sus modales informales hicieron de él una persona muy querida por el público.

Desde 1920 se convirtió en una especie de consejero mundial para todo, no sólo para física. Se le consultaba desde política hasta psicología, pasando por sionismo, paz o la bomba atómica. Era tan abundante la correspondencia que recibía que llegó a afirmar que en sueños veía al cartero atormentándole con montañas de cartas que le lanzaba a la cabeza.

De todas formas, su fama no se debe probablemente a la difusión de sus teorías, que sólo están al alcance de los especialistas, e incluso entre ellos han existido años de discusiones sobre el significado de sus fórmulas. Se cuenta que hacia 1920 alguien comentó al famoso astrónomo británico Sir Arthur Eddington que sólo dos personas habían entendido la teoría general de la relatividad. Éste contestó sorprendido: «¿Quién es el otro?».

La curiosidad popular excitada ante los conceptos de espacio y tiempo se unió a la divulgación periodística, desatando todo tipo de discusiones.

La elevación de Einstein a la categoría de mito fue un fenómeno mediático al que contribuyó él mismo por razones de ética personal con objeto de promocionar parte de las ideas que albergaba, especialmente la de la paz.

También algunas circunstancias de su vida han contribuido a todo ello, como su profunda huella en la tecnología. Einstein ha sido considerado como uno de los «padres de la energía nuclear».

También hay que señalar su relación con la bomba atómica.

Einstein contribuía consciente o inconscientemente, o tal vez de las dos formas, a alimentar su propio mito. Es conocida la foto de Einstein sacando la lengua. También su imagen con largos cabellos blancos (dicen que odiaba que le cortaran el pelo), como representación de un viejo loco. Un loco que es el único capaz de explicarnos el misterio del Universo. El público desea que Einstein lo desvele y, si es con una fórmula corta, mejor, como la famosa $E=mc^2$. Einstein con sus cabellos largos se atreve a desafiar la moda de la época. Pero a un genio se le puede consentir tener modales informales. Más aún, debe tenerlos. Es la representación clásica. Como andar sin calcetines. Einstein lo reconoce; dice en plan jocoso que es un viejo conocido básicamente por eso. Incluso se permite aparecer en actos públicos sin ellos, sabiendo que los reporteros están deseando fotografiar a Einstein y fijarse en cualquier peculiaridad suya. Y así lo hacen, como en la importante ocasión de su toma de juramento como ciudadano de Estados Unidos en 1940; impecablemente vestido con traje, chaleco, corbata, como lo requería la ocasión, y allí estaba el fotógrafo esperando a que Einstein se sentara para que el objetivo de la cámara demostrara que no llevaba calcetines.

Cualquier cosa que hiciera o dijera Einstein era noticia. Tan grande era el interés del público por saber cuál era el motivo de que Einstein no llevara calcetines que la pregunta le llegó directamente. Se la hizo el famoso fotógrafo Philippe Halsman, un artista judío al que Einstein, como a otros muchos, había ayudado a ser admitido como refugiado en Estados Unidos firmando una carta de garantía, especie de aval financiero, para que permitieran su entrada. Halsman hizo a Einstein en 1947 una de sus fotos más famosas: se ve al científico a sus 68 años en un primer plano de frente con su pelo largo blanco y bigote también blanco y la cara surcada de arrugas. Foto que ha sido motivo de portadas de libros y revistas (por ejemplo, de la revista *Time* el 31 de diciembre de 1999 en que se proclama a Einstein «personaje del siglo»). Halsman no sólo le hizo la pregunta, sino que Einstein le contestó sonriente, y la respuesta ha llegado hasta nosotros: «Cuando yo era joven descubrí que el dedo gordo del pie terminaba siempre por hacer un agujero en el calcetín. Así que dejé de usar calcetines»[1].

Einstein ha legado su cerebro para que se estudie después de su muerte. ¿Cómo será? ¿En qué se diferenciará de los cerebros de los demás? La fantasía popular especulará sobre todas las posibilidades. La realidad será luego más prosaica, por lo menos hasta ahora, pero todo contribuye al mito.

---

[1] *Einstein. A Centenary Volume*, Edited by A. P. French, Heinemann, London, 1979, p. 27.

Él mismo reconoce que sus respuestas a los periodistas a veces iban encaminadas a lo que ellos querían oír. Así consta, por ejemplo, en el diario de viaje a Nueva York del 11 de diciembre de 1930, cuando dice que se le acercaron una legión de fotógrafos y periodistas y que contestó a las preguntas deliberadamente estúpidas de los periodistas (en sus propias palabras) con bromas fáciles que provocaron el entusiasmo.

Su personalidad también contribuyó a aumentar su celebridad, pues era un hombre simpático y alegre del que cabe destacar también un gran sentido del humor. Y no sólo eso, pues también hay datos que revelan su interés hacia el prójimo.

Era tal el acoso al que se veía sometido por la prensa, que Einstein se sentía cualquier cosa menos un científico. Cuenta Hoffman que en un viaje en ferrocarril uno de los viajeros le preguntó cuál era su profesión, y Einstein, tristemente, contestó: «modelo»[2].

Einstein tenía categoría reconocida de personaje famoso y popular superior, posiblemente, a cualquier estrella de cine. Baste comentar el acontecimiento multitudinario ocurrido en Hollywood con motivo del estreno el 30 de enero de 1931 de la película de Charles Chaplin (Charlot) *Luces de la ciudad*. Dicen que ha sido uno de los acontecimientos cinematográficos más multitudinarios y grandiosos de la historia del cine. Multitud de curiosos y multitud también de personajes célebres fueron atraídos porque Einstein y su mujer estaban invitados. La policía se veía incapaz de contener la avalancha humana que se les venía encima. Cuando Einstein y su esposa penetraron en el lujoso *Los Ángeles* de Broadway de la mano de Charles Chaplin, fueron recibidos con una estruendosa y larga ovación. Einstein, a pesar de algún ligero comentario en contra, parecía sentirse a gusto con la popularidad que gozaba y que aprovechaba en defensa de sus ideales, desde el pacifismo hasta la defensa de los derechos humanos. Siempre estaba dispuesto a conceder entrevistas y solía hacer gala en ellas de su peculiar sentido del humor. De todas formas, él no esperaba que se prolongase tanto en el tiempo; ya llevaba 12 años (desde 1919) siendo primera noticia en los periódicos, de modo que se decidió a preguntarle a Chaplin cuál sería el motivo de la fama de que gozaban, y la respuesta registrada de Chaplin fue: «La gente me aplaude porque todos me entienden y a ti te aplauden porque no te entiende nadie»[3].

    [2] Hoffmann, Banesh: *Einstein*, Salvat, Barcelona, 1984, p. 19.
    [3] Esta cita puede encontrarse en Jerome, Fred: *El expediente Einstein*, Planeta, Barcelona, 2002, p. 54, y también en Seelig, Carl: *Albert Einstein*, Espasa Calpe, Madrid, 1968, p. 246.

En aquel año de 1931 Einstein estaba embarcado en una cruzada especial antimilitarista y no dudaba en usar su fama en defensa de su ideal. Apenas un mes después del acontecimiento de la película *Luces de la ciudad*, se encontraba viajando en un tren que paraba en Chicago, y era tal el fervor y entusiasmo que la gente sentía por Einstein, que una multitud inmensa se agolpó en la estación con la esperanza de ver al gran personaje. Einstein no lo dudó, desde la plataforma del tren improvisó un discurso instando a los jóvenes a negarse a cumplir el servicio militar[4].

La categoría de mito que adquirió en vida queda bien reflejada con la siguiente anécdota. Una escolar de la Columbia Británica envió a Einstein una carta en que decía: «I am writing to you to find out whether you really exist»[5] (Le escribo para saber si realmente usted existe). Así de legendaria era su figura para los habitantes de Princeton (Estados Unidos), donde vivió desde 1933, que lo veían a diario e incluso conversaban con él.

Desde 1933 Einstein explicaba su afición a los yates de vela porque en ellos se podía aislar de los curiosos. No le gustaba otra clase de deporte. Decía que le disgustaban las tensiones físicas.

Algunos opinan que el genio de Einstein resplandeció mucho y comenzó a brillar desde que era muy joven, pero que también se extinguió muy temprano, y que desde la edad de 44 años ya sólo produciría obras de segunda fila. Y así, a pesar de su fama mundial, murió un poco olvidado por sus colegas en el aspecto profesional, que opinaban que sus investigaciones seguían últimamente unas líneas infructuosas. Sin embargo, continuaba contando con el cariño del pueblo que seguía admirándolo, adorándolo y respetándolo.

No obstante, hay que decir que esta percepción de los científicos ha cambiado desde los años 60, y la polémica suscitada por Einstein ha vuelto a renacer. En primer lugar, las tres pruebas clásicas aducidas como comprobación de la Teoría general de la Relatividad se han visto incrementadas con otro número mucho mayor. Ello ha animado a que muchos matemáticos se interesaran por la cuestión del campo gravitatorio aportando nuevas soluciones. Y en segundo lugar, desde los años 70, los físicos teóricos dedicados a la física cuántica han visto la necesidad de tomar en consideración algunas de las críticas de Einstein. En resumen, la figura de Einstein está siendo muy revalorizada en estos últimos años, vuelven a surgir las polémicas por él iniciadas. Si a todo eso añadimos que siguen apareciendo con periódica regularidad noticias o descubri-

[4] Jerome, Fred: *El expediente Einstein, op. cit.*, p. 55.
[5] Seelig, Carl: *Albert Einstein*, Espasa Calpe, Madrid, 1968, p. 243.

mientos relacionados con su nombre, no es de extrañar que siga siendo una figura de actualidad.

Por todo ello, entenderemos que después de la revolución china se propusiera el nombre de Einstein como ejemplo para la juventud, se publicara su biografía y se editaran parte de sus obras con tiradas millonarias.

Y, curiosamente, la concesión del premio Nobel de Física en 1921 (concedido en 1922), que en otros casos, podría significar una popularidad, por lo menos temporal, en su caso apenas tuvo influencia y no parece que afectara a su popularidad.

Es posible que la fama de Einstein, que se extendió como la pólvora después de la comprobación experimental en 1919 de que los rayos luminosos se desvían al pasar cerca del Sol, sea en parte debida a que el público en general no entendía de sus teorías más que eran muy complicadas, y trataban de conceptos de los que todo el mundo había oído hablar, pero lo hacía desde una perspectiva nueva que los rodeaba de un misterio que atraía al público: el tiempo se dilata, las longitudes se acortan, la cuarta dimensión, la luz pesa, el espacio se curva, las estrellas no están donde parecían estar. Y resultaba que todas estas cosas misteriosas eran controladas por aquel genio, que había demostrado que todo ello obedecía a sus cálculos.

Como pequeña muestra de su popularidad citemos una ocasión en que Einstein daba unas conferencias en Londres en 1921. Se alojaba en casa del presentador oficial de los actos, y, al llegar a la casa, la hija de su anfitrión en Londres se desmayó cuando vio llegar a Einstein a su casa en compañía de su padre.

Con motivo de la confirmación de su teoría mediante el eclipse, a veces, se le ha considerado la persona más famosa del mundo y se citan titulares periodísticos como el siguiente: «Triunfa la teoría de Einstein: las estrellas no están donde se creía o donde se había calculado que estaban, pero nadie tiene por qué preocuparse»[6].

Incluso se pone fecha más exacta a su paso de figura conocida en los círculos científicos a celebridad mundial: noviembre de 1919. *The New York Times Index* no lo menciona hasta esa fecha. Y, sin embargo, desde entonces no pasará año en que no sea citado por sus descubrimientos científicos o por otros temas. También el *New York Times* de 18 de noviembre de 1919 dice a sus lectores que no se sientan ofendidos si no entienden la «Teoría de la Relatividad», porque sólo doce personas pueden entenderla, (no hay constancia de que fuera Einstein el responsable de la

---

[6] *The New York Times*, 10 de noviembre de 1919, recogido en Bodanis, David: *E=mc² La biografía de la ecuación más famosa del mundo*. Ed. Planeta, Barcelona, 2002, p. 240.

frase). Se añadía que, a pesar de ello, los editores aceptaron el reto. Incluso diez años más tarde el mismo periódico seguía insistiendo en el tema: «Rara es la exposición de la *Relatividad*, que no considere advertir al lector que aquí y allá es mejor que no trate de entender»[7].

En 1949 cuando Einstein escribía el Apéndice del libro *El significado de la Relatividad*, los periodistas se enteraron y consiguieron que una página del manuscrito apareciera en la primera página del *New York Times* el 27 de diciembre de 1949. No importaba que casi nadie entendiera nada de aquello. El nombre de Einstein ya era un mito. En aquella ocasión, Einstein dio a su secretaria, Helen Dukas, el famoso mensaje para los periodistas de que volvieran a verlo dentro de veinte años. Einstein tenía en aquellos momentos 70 años.

Ese mismo Apéndice, vuelto a escribir en 1953 para la cuarta edición del mismo libro, consiguió, por última vez, el mismo efecto: ser primera página de los periódicos.[8]

En 1929 Einstein preparó una comunicación de seis páginas sobre la teoría del campo unificado, y explicó a la prensa que se trataba de escribir las leyes del electromagnetismo y gravitación desde un punto de vista unificado. El éxito popular fue tal que la gente se arremolinaba ante los escaparates de una gran tienda, donde habían sido expuestas, para leerlas, aunque no entendieran nada, como le contaba su amigo Eddington[9] que sucedía en Londres. Era tal el estallido popular que Einstein debió esconderse durante algún tiempo. Todo esto, desde luego, es algo que no ha ocurrido, ni ocurre con ningún otro científico, y puede dar un poco la idea de hasta qué punto, Einstein había entrado en la leyenda.

[7] *The New York Times*, 28 de enero de 1928.
[8] *The New York Times*, 30 de marzo de 1953.
[9] Pais, Abraham: *El Señor es sutil... La ciencia y la vida de Albert Einstein, op. cit.*, p. 350.

X. LAS CARACTERÍSTICAS DE UN GENIO

a) Faceta humana

Einstein era una persona simpática, alegre y con un gran sentido del humor (ni que decir tiene que su humor era un humor inteligente).

De su abundante correspondencia privada se desprende que se interesaba en seguida por cualquier problema de sus semejantes y procuraba ayudarles, y se adhería con facilidad a cualquier causa que reclamara su firma por algún asunto social o democrático.

Su modestia o tal vez su sentido del humor, puede apreciarse en la respuesta que dio a su querido biógrafo, Carl Seelig, cuando le preguntó por escrito si había heredado las dotes científicas de su padre y las musicales de su madre (era conocida la afición de Einstein a tocar el violín). Descartó en la respuesta la posibilidad de que sus dotes fueran heredadas, porque no se atribuía ningún «talento especial»[1]. Lo que sí reconocía, tanto en esta ocasión como en otras, era su una enorme curiosidad. Públicamente compararía su curiosidad con la de los niños.

A pesar de su fama, Einstein no era una persona orgullosa o prepotente, al contrario, era modesto y sencillo. Cuenta Mario Bunge, en el prólogo que escribió a la traducción de la biografía de Einstein de Banesh Hoffmann, que en 1953 se dirigió a Einstein, por medio de un amigo común, para pedirle autorización para traducir su obra completa al castellano. Dice Bunge que la respuesta del sabio no se hizo esperar y ocupaba una sola línea: «Dígale al Dr. Bunge que no vale la pena, porque la mayor parte de mis escritos han sido superados»[2]. A este respecto, también Philipp Frank, discípulo de Boltzmann, sucesor de Einstein en la Universidad de Praga y amigo personal suyo comenta una anécdota,

---

[1] Hoffmann, Banesh, *Einstein,* Salvat, Barcelona, 1984, p. 20.
[2] *Ibíd.,* p. 13.

que dice no haberse preocupado de averiguar si es verdadera, pero que la cuentan los vecinos de Princeton de muy diversas maneras. Se trataba de una niña de 10 años que con frecuencia iba al número 112 de su calle (Mercer Street en Princeton) para que Einstein la ayudara con sus deberes de matemáticas. En opinión de la niña, Einstein no sólo aceptaba gustoso, sino que se había ofrecido a seguir resolviéndole dudas en el futuro, y además se lo explicaba todo muy bien. La madre quedó anonadada por la osadía de la niña, y acudió a Einstein para pedirle disculpas por la conducta de su hija. Einstein la tranquilizó diciéndole: «No tiene que disculparse señora. Aprendí mucho más en las charlas con la niña que lo que ella pudo aprender de mí»[3].

De su aspecto físico sabemos que su estatura podría considerarse superior al promedio, como ya se dijo en el capítulo IV. Era de piel blanca y fuerte musculatura. Se conservan muchas fotos de Einstein sobre todo desde su salto a la fama, pero también se tienen suficientes fotos de sus épocas anteriores, incluida la infancia. Además se conserva alguna película en que se puede ver a Einstein en movimiento leyendo un discurso por la radio. Corresponde a su última etapa en Estados Unidos, y cualquiera puede verla en Internet. Basta con consultar la dirección http://www. albert-einstein.org.

Sobre su actitud hacia la autoridad, relata que en su juventud llegó a adquirir una libertad de pensamiento casi fanático, lo cual le condujo a desconfiar de la autoridad. De todas formas, con el tiempo, como él mismo reconoce en sus *Notas Autobiográficas*, su actitud hacia la autoridad se suavizaría mucho[4].

Einstein era enemigo de las convenciones sociales, aunque fuera una persona sociable. Durante su estancia en Princeton, donde residiría los últimos 22 años de su vida, no participaba en las actividades sociales de la comunidad, ni siquiera de los compañeros del Instituto de Estudios Avanzados. Abraham Pais, que lo conoció bien en Princeton, dice que «si tuviera que caracterizar a Einstein con una sola palabra, elegiría *aislamiento (apartness)*»[5]. Y considera que era una de las necesidades emocionales más profundas de Einstein.

---

[3] Frank, Philipp: *Einstein*, José Janés Editor, Barcelona, p. 409.
[4] Einstein, Albert: *Autobiographical Notes* (1ª ed. 1949), ed. Paul Arthur Shilpp. Open Court Publishing Company, La Salle and Chicago, Illinois, 1979, p. 5. Existe traducción española: *Notas autobiográficas*, Alianza Editorial, Madrid, 1984.
[5] French, A. P: *Einstein. A Centenary Volume*, Edited by A. P. French, Heinemann, London, 1979, p. 35.

b) Faceta intelectual

Se le atribuyen algunos rasgos característicos a su genio científico. Sin ordenarlos por importancia, citemos, en primer lugar, la *simplicidad*, lo cual parece paradójico para el creador de una de las teorías consideradas más complicadas. En segundo lugar, la capacidad de *concentración*, que hacía que mantuviera el problema en la cabeza de forma permanente durante años, independientemente de modas y tiempos. En tercer lugar, señalemos la *visualización* o la capacidad de Einstein de razonar en términos de imágenes, y que algunos asocian a su dificultad para aprender a hablar. Dejamos para el final el cuarto rasgo o característica, que él repetía con frecuencia y, que hemos mencionado más arriba, la *curiosidad* (científica).

La primera característica, la *simplicidad,* que él pretende dar a sus teorías, contrasta con las consecuencias que paradójicamente se extraen de ellas, la dilatación del tiempo, la contracción del espacio, la luz se curva y además pesa, etc., todo lo cual las rodea de una aureola de complicación y misterio casi mágico, sobre todo en la mentalidad popular. Pero él buscaba la simplicidad en los principios. «Simplicidad lógica» lo llamó en sus *Notas Autobiográficas*[6] y generalidad. Una simplicidad que debe ir unida a lo que Einstein llamó «perfección interna»[7] de una teoría. Las dos notas características para él de una teoría son: «perfección interna y confirmación externa»[7]. Este carácter de simplicidad era un valor en su modo de vivir. Se podía comprobar en su indumentaria. Si le era posible, usaba la ropa más simple. En una ocasión le preguntaron por qué seguía usando jabón para afeitarse en lugar de crema de afeitado. Su respuesta fue: «¿Dos jabones? Es demasiado complicado». Y, efectivamente, esta simplicidad está presente en su famoso artículo de 1905 *Sobre la Electrodinámica de los cuerpos en movimiento*. Comienza dicho artículo con un análisis de la situación que se produce cuando un conductor se encuentra en presencia de un imán. Según se mueva uno u otro se establece una diferencia esencial. Se dice que, o bien aparece una fuerza electromotriz inducida o un campo eléctrico. Y esta diferencia no le parecía a Einstein que fuera inherente al fenómeno, sino algo introducido desde el exterior. Creía que esa diferencia debía desaparecer, ya que los resultados son corrientes inducidas iguales si la velocidad relativa es la misma. Y aquí surge el afán simplificador de Einstein: ¿para un mismo resultado: corrientes inducidas, dos fenómenos distintos: campo

[6] Einstein, Albert: *Autobiographical Notes, op. cit.* p. 21.
[7] *Ibíd.,* p. 23.

eléctrico y fuerza electromotriz? Demasiado complicado, como los dos jabones, uno para lavarse y otro para afeitarse. Einstein cree que la naturaleza no actúa de esa forma. Y él tampoco. Así que busca la forma de encontrar una explicación común. Afirma: «Estaba convencido de que la fuerza electromotriz que aparecía en el conductor en movimiento no era otra cosa que un campo eléctrico». Y esa búsqueda de la simplicidad, de que esos dos fenómenos se simplifiquen en una única explicación le lleva a la Teoría de la Relatividad especial.

En una ocasión explicaría lo siguiente: «He llegado a la formulación de la Teoría de la Relatividad porque he seguido haciéndome preguntas sobre el espacio y el tiempo de las que sólo se preocupan los niños».

Compartió con otro gigante de la ciencia, Isaac Newton, una férrea y legendaria capacidad de *concentración*. Newton decía que cuando no había conseguido resolver un problema, lo aparcaba en la parte de atrás de su mente, y lo tenía presente en la mayor parte de sus actividades diarias hasta que le venía la solución. Einstein también tenía esa facultad. Poseemos algún testimonio escrito en ese sentido. Relata Pais[8] su última visita a Einstein en diciembre de 1954 en su casa y cómo, después de despedirse y dejarle sentado en su silla, caminó hasta la puerta, momento en que se volvió para mirarlo por última vez, y lo encontró ya con un bloc en la mano completamente abstraído «ausente de lo que le rodeaba»[8]. Pero sin recurrir a esos relatos tenemos buena muestra de su capacidad de concentración en sus últimos treinta años. Concentrado estuvo en el mismo problema: el campo unificado. Hasta el último día de su vida, cuando en el hospital se recuperó un poco, pidió a su secretaria Helen Dukas que le trajera papel y sus últimos cálculos. Y allí escribió sus últimas líneas sobre el campo unificado unas horas antes de morir.

Esta característica en el modo de trabajar de Einstein le lleva a grandes períodos de reflexión y concentración en un problema. Durante ese tiempo le gusta el reposo y la tranquilidad. Piensa sobre los problemas continuamente. A este respecto mencionaremos que en una ocasión dijo que no se consideraba más dotado que otros hombres, sino que era más curioso y «no cejo en un problema hasta que he encontrado una solución satisfactoria»[9]. En otra ocasión dirá que es más terco que una mula.

Esa facilidad de concentración parece que podía desarrollarla en cualquier sitio. Diría una vez a su amigo Philipp Frank a propósito de una cita: «No se preocupe si llega tarde, le esperaré en el puente. Allí puedo

[8] Pais, Abraham: *El Señor es sutil... La ciencia y la vida de Albert Einstein*, Ariel, Barcelona, 1984, p. 479.

[9] Fred Jerome, *El expediente Einstein*, Planeta, Barcelona, 2002, p. 58, cita tomada de Bucky, Peter A., *The private Albert Einstein*, Andrews y McMeel, Kansas City, MO, 1992, p. 29.

pensar igual que en otro sitio». Y, efectivamente, parece que procedía de esta forma. La misma característica de Newton. Mantener el problema en la cabeza hasta que él sólo cae cuando está maduro. Estuvo diez años pensando en el problema que le surgió en Aarau a los dieciséis años, cuando se le ocurrió pensar lo que vería si perseguía un rayo de luz a la velocidad de la luz. Diez años más tarde da la respuesta. Una vez que obtuvo la solución en su cabeza, comenzará a escribirlo con gran celeridad. Así se explican sus palabras de que escribió el artículo sobre la relatividad en cinco o seis semanas, pero ese no es el motivo de admiración. Lo sería si en cinco o seis semanas lo hubiera pensado y gestado de principio a fin. Pero ese no es el modo de trabajar de Einstein. Necesita períodos de reflexión largos antes de culminar sus ideas.

También es de suponer que el artículo primero sobre el efecto fotoeléctrico siguiera este patrón, ya que Planck publicó su hipótesis de los cuantos el 14 de diciembre de 1900, año en que se graduó Einstein; y desde luego así sucedió también con la relatividad general, publicada en 1916, pero sobre la que llevaba pensando al menos nueve años, como él revela, al hablar del «pensamiento más feliz de su vida» al estar escribiendo un artículo sobre la relatividad especial para una revista de radiactividad y electrónica en 1907. Posiblemente sería también el patrón con el que se movió en su búsqueda de la teoría del campo unificado, que no logró culminar con el éxito que él deseaba.

Casi como anécdota de esa característica de Einstein y de su estilo inconformista e informal, se podría señalar el relato mencionado por Pais[10], referente a un banquete al que asistió Einstein. Durante la conferencia comenzó a escribir notas en un papel y se abstrajo tanto que al final del discurso tuvo que decirle Helen Dukas que se levantara. Einstein obedeció y como vio que todo el mundo aplaudía, él también comenzó a aplaudir hasta que le dijo Dukas que le estaban aplaudiendo a él.

En el mismo sentido podría citarse la ocasión en que se durmió en una conferencia sobre budismo y zen que escuchaba en Princeton, a pesar de su interés por algún filósofo oriental como Confucio.

De su capacidad de *visualización*, que tal vez esté relacionada con las dificultades que tuvo para empezar a hablar, dan buena muestra sus escritos ricos en imágenes, con locomotoras, posiciones de los trenes, pasajeros, rayos luminosos, relojes, curiosas descripciones llenas de colorido para sincronizar relojes, barras, etc. Y se notaba también en sus conferencias públicas, donde llegó a adquirir un gran grado de destreza en el

[10] Pais se lo atribuye a Helen Dukas, la secretaria de Einstein. Pais, Abraham: *El Señor es sutil... La ciencia y la vida de Albert Einstein, op. cit.*, p. 455.

manejo de las imágenes y ejemplos elegidos para atraer la atención del público. Él mismo reconocería a Max Wertheiner, uno de los fundadores de la Psicología de la Gestalt y amigo de Einstein, esta característica suya cuando dijo que rara vez pensaba en términos de palabras, respondiendo a preguntas sobre los pensamientos que le habían llevado a la Teoría de la Relatividad. También podríamos mencionar aquí su gran afición a los rompecabezas, que le distraían y le permitía ejercitar esa capacidad en una especie de competencia con el propio juego. Esta afición la cultivó Einstein mucho tiempo, incluso perduró en sus años de madurez. En cambio no le gustaba el ajedrez por lo que tenía de competitivo, a pesar de que desarrolló una buena amistad con Emanuel Lasker, que fue campeón mundial de ajedrez, con el que discutía de cuestiones filosóficas y de la propia Teoría de la Relatividad a la que Lasker proponía algunas modificaciones o sugerencias.

Relacionado con esta capacidad escribía Einstein en 1938: « [...] Mi poder, mi habilidad especial radica en visualizar los efectos, consecuencias y posibilidades [...]»[11].

Es significativo que resalte esta cualidad como su característica más importante, porque, al mismo tiempo que habla de su capacidad de visualización, lo hace también de su rapidez y facilidad en la comprensión de los conceptos, que sostiene que no ha disminuido con la edad. Pensemos que Einstein tiene ya cincuenta y nueve años. Y, a pesar de sentirse satisfecho con esa facultad para la comprensión, no considera que eso sea lo que le diferencia de la mayoría. No tiene falsa modestia, reconoce algunas cualidades suyas, así como reconoce otras limitaciones que podrían sorprender al que se acerca a Einstein por primera vez: no le gustan los cálculos matemáticos. Se considera perezoso. Llega a afirmar: «[...] No puedo hacer cálculos matemáticos fácilmente [...] ni con mucha prontitud»[11].

En sus *Notas Autobiográficas*[12] analiza Einstein lo que él entiende por «pensar», y afirma estar convencido de que la mayor parte de los pensamientos se efectúan sin palabras. Considera que este último caso es un eslabón superior y que se estaría frente a un pensamiento comunicable. Él habla de imágenes, de secuencia de imágenes y de una imagen que se repite haciendo de hilo conductor de unas imágenes a otras dando lugar al concepto; éste no necesariamente lo asocia con un signo como la palabra.

---

[11] Holton, Gerald: *Ensayos sobre el pensamiento científico en la época de Einstein*, Alianza Editorial, Madrid, 1982, p. 313.

[12] Einstein, Albert: *Autobiographical Notes, op. cit.*, p. 7.

Se han buscado relaciones entre un supuesto desplazamiento de alguna habilidad del área verbal a otra, y se ha intentado relacionar con su retraso en comenzar a hablar, así como con sus bajas calificaciones en asignaturas de idiomas, incluido el suspenso la primera vez que intentó ingresar en la Politécnica de Zúrich. Fue debido en gran parte a su dificultad con los idiomas extranjeros. Ya en el bachillerato los había suspendido. Parece que tenía fobia a los idiomas. Esta excusa puso cuando no se mostraba muy dispuesto a venir a España para hablar de relatividad; el problema de los idiomas. Y, curiosamente, tuvo que aprender unos cuantos. Además de alemán, aprendió francés, que parece ser que hablaba bastante bien; también estudió italiano y por último inglés.

Tuvo un buen dominio del idioma alemán, como puede apreciarse en todos sus escritos y no sólo en los científicos. Todos sus manuscritos científicos están en alemán, aunque luego aparecieran en inglés si se publicaban en revistas de lengua inglesa. Y lo mantuvo hasta el final de su vida con la publicación del Apéndice II del libro *El significado de la Relatividad*, aunque el libro apareciera originalmente en inglés. Las primeras conferencias que dio en Francia en 1922 lo hizo en francés. En España en 1923 también empleó el francés en alguna, aunque la mayoría las dio en alemán.

Comentaría en los años 20 que no le gustaba ni la ropa ni la comida nueva ni tampoco aprender lenguas nuevas. Le duraba la fobia a los idiomas de su época infantil, pero no tuvo más remedio que adaptarse a los nuevos tiempos. Así, en su primera visita a Estados Unidos en 1921, habló, en alemán. Sobre su nivel de inglés en aquellos momentos parece que no hay acuerdo. Mientras alguno dice que «no sabía una palabra de inglés. Aprendió algo de oído en el viaje»[13], su biógrafo y amigo Seelig dice refiriéndose a su época de Zúrich: «[...] aún encontraba Einstein tiempo para estudiar inglés [...]»[14]. En los siguientes viajes ya habló en inglés.

Einstein fue profesor y maestro toda su vida, aparte de investigador. Como profesor no le gustaban los cursos regulares, porque, como el mismo reconocía, no le gustaban las rutinas. Parecía que se desconcentraba en esas situaciones. Por eso decía que era malo en cálculo. Añadía que la única virtud que le había dado Dios era la tozudez. Por eso no se conformaba con las explicaciones que muchas veces satisfacían a la mayoría de los científicos. Desde luego dio buena prueba de ello. Años

[13] Shankland, R. S: *Conversations with Albert Einstein* p.50, citado en Holton, Gerald: *Ensayos sobre el pensamiento científico en la época de Einstein*, Alianza Editorial, Madrid, 1982, p. 278.
[14] Seelig, Carl: *Albert Einstein*, Espasa Calpe, Madrid, 1968, p. 144.

enteros, uno tras otro, pasó con un problema hasta que conseguía desentrañarlo, o hasta que le llegó el final, como sucedió con la teoría del campo unificado, que después de más de 20 años de estudio no había abandonado, y en la que trabajó hasta el último día de su vida en el hospital.

Reconocía que tenía dos dedicaciones en su vida, las ecuaciones y la política, pero prefería las primeras, porque, como dijo, la política es sólo para el presente, mientras que una ecuación es para siempre[15].

---

[15] Hawking, Stephen: *A Brief History of time*. Bantam Books, London, 1995. p. 196.

XI. PREMIO NOBEL (1921)

Alfred Nobel había establecido que los premios se concedieran por descubrimientos que significaran un beneficio para la humanidad. Y, a este respecto, surgían dudas de que se pudiera conceder el premio a una teoría pura, por eso la cita del premio Nobel concedido a Einstein decía: «Por sus contribuciones a la Física matemática y, especialmente, por el descubrimiento del efecto fotoeléctrico».

Cabe preguntarse si la relatividad no había conseguido comprobaciones experimentales suficientes para esa época, como para dejar de ser considerada una teoría pura. Parece ser que sí, tanto la relatividad especial como la general. Sin embargo, el comité de cinco miembros que la Academia elige entre sus miembros para la propuesta del premio Nobel no lo tenía tan claro. Se ha dicho[1] que, al estar la relatividad recién nacida, sobre todo la relatividad general, la Academia no contaba con especialistas que pudieran evaluar de forma solvente las comprobaciones experimentales, lo cual motivó que encargaran informes al respecto y desafortunadamente expresaron dudas sobre las comprobaciones experimentales de dicha teoría. Pero la Academia sabía que tenía que recompensar a Einstein. Eran muchos los científicos que lo proponían. Desde 1910 hasta 1922, todos los años fue propuesto, excepto dos años, 1911 y 1915. Además, como señaló Brillouin, habría que ver cuál sería la opinión general dentro de 50 años si no concedían a Einstein el premio Nobel. De modo que recurrieron al efecto fotoeléctrico. Por supuesto que merecía el Nobel por el efecto fotoeléctrico, pero como resalta Pais[1], resulta curioso que el Comité, conservador por naturaleza, propusiera a Einstein por su contribución más revolucionaria, como fue el inicio de la física cuántica. Y así fueron recompensados sucesivamente los creadores de la física cuántica en orden cronológico: primero Planck, luego Einstein y finalmente Bohr.

---

[1] Pais, Abraham: *El Señor es sutil... La ciencia y la vida de Albert Einstein*, Ariel, Barcelona, 1984, p. 509.

El mismo Secretario de la Academia escribió a Einstein, diciéndole que no le concedían el Nobel por la Teoría de la Relatividad, sino por la ley del efecto fotoeléctrico.

Como decía Mario Bunge[2] no sólo mereció un premio Nobel sino media docena.

La concesión del premio Nobel a Einstein originó un pequeño conflicto diplomático. Einstein no lo recogió en persona. Se encontraba de viaje hacia Japón cuando se lo comunicaron. Lo recogió en su nombre el embajador alemán. Pero, ¿no debió ser el embajador suizo?, porque aunque Einstein había nacido en Alemania, había renunciado a esa ciudadanía y durante varios años había sido apátrida antes de obtener la ciudadanía suiza, que era la que deseaba. De modo que era ciudadano suizo y el embajador correspondiente sería el suizo. Pero, por otra parte, el gobierno alemán pensaba que Einstein era alemán, puesto que era funcionario y para ello era preciso tener nacionalidad alemana. Einstein había tenido que prestar juramento como funcionario al tomar posesión como miembro de la Academia prusiana de Ciencias. Después de discusiones legales al respecto, la Academia Prusiana dictaminó que al tomar posesión como académico, Einstein se convertía en ciudadano alemán, aunque seguía manteniendo la ciudadanía suiza. Einstein manifestó en aquellos días que él nunca había renunciado a la ciudadanía suiza, ni la había cambiado por la alemana. Además indicaba que él tenía pasaporte suizo. Finalmente, el embajador suizo en Alemania entregó a Einstein en Berlín la medalla y el diploma del premio Nobel, tal y como deseaba el propio Einstein.

---

[2] Hoffmann, Banesh: *Einstein,* Salvat, Barcelona, 1984, p. 12.

XII. EINSTEIN EN ESPAÑA (1923)

En la década de 1910, varios científicos españoles habían viajado a Europa Central, cuna de la física moderna, y habían conocido a Einstein. Entre ellos estaban Blas Cabrera, Manuel Lucini, Esteban Terradas y Julio Rey Pastor.

El año 1919 fue el que lanzó a Einstein a la fama mundial, traspasando las fronteras científicas y convirtiéndolo en un auténtico ídolo de multitudes.

En esta ocasión la Ciencia española estuvo en vanguardia y en abril de 1920 Rey Pastor cursó una carta a Einstein invitándolo a dar un ciclo de conferencias en Madrid y Barcelona.

A pesar de la multitud de invitaciones que recibía Einstein para dar conferencias, sobre todo después de 1919, consideró la invitación española con sumo agrado, aunque en un principio opuso una débil resistencia. Argumentó como siempre su «fobia a los idiomas»[1].

Rey Pastor trataba de disiparle su temor a hablar en francés diciéndole que el francés que conocía el auditorio era deplorable, y que, por tanto, no debía temer equivocarse[1].

Finalmente, Einstein aceptó con algunas condiciones. En primer lugar se expresaría en alemán. A pesar de haber hablado francés en Suiza no se sentía con confianza para dar las conferencias, o tal vez fuera verdadera fobia a los idiomas lo que le movió a optar por el alemán, aunque se había mencionado el francés en los contactos previos. También impuso como condición no dictar más que conferencias científicas. Buscar la fecha adecuada fue más difícil. Tenía Einstein tal cantidad de compromisos que no encontraron ninguna disponible hasta el año 1923.

En julio de 1920 Santiago Ramón y Cajal invitó formalmente a Einstein en nombre del Ministro de Instrucción Pública.

En febrero de 1923 Einstein viajó en tren a Barcelona, donde dio tres conferencias. De Terradas, uno de los profesores que conoció, lle-

---

[1] Glick, Thomas F: *Einstein y los españoles*, Alianza Editorial, Madrid, 1986, p. 62.

garía a decir «su cabeza es una de las seis mejores del mundo»[2], y al periódico *El Sol*: «Terradas es una gran inteligencia, y sobre todo muy original. He tratado a muchos hombres en mi vida, y no vacilo en afirmar que el profesor español es uno de los que más me han interesado»[3]

La Academia de Cienciès i Arts de Barcelona hizo a Einstein académico correspondiente.

El jueves 1 de marzo de 1923 Einstein tomaba un tren hacia Madrid, donde le esperaba Cabrera y un comité de bienvenida en la estación. Se alojará en el hotel Palace y permanecerá diez días en Madrid.

Del viaje a Madrid hay más datos que del viaje a Barcelona. El rey Alfonso XIII, que había manifestado su deseo de conocerlo, presidirá la sesión pública extraordinaria de la Real Academia de Ciencias que el domingo 4 de marzo de 1923 le recibirá, le homenajeará y le otorgará el Diploma de Académico Corresponsal Extranjero, que le habían concedido por unanimidad. El diploma le será entregado por el Rey. Esta sesión es calificada en el acta como *Sesión de Gala.*

Con motivo del centenario de Einstein en 1979, La Real Academia de Ciencias Exactas, Físicas y Naturales organizó un curso de conferencias que recogió posteriormente en una publicación, en la que pueden leerse los detalles del acto de 1923, como, por ejemplo, que se hallaban presentes, además del Rey, el ministro de Instrucción Pública, el embajador de Alemania, veintiocho académicos numerarios y académicos de otras corporaciones. También recoge datos de la disposición física de los personajes: «El Prof. Einstein ocupó el sitial ordinariamente destinado a los recipiendarios y en la mesa de enfrente se instaló el Prof. Cabrera, que en nombre de la Corporación habría de dar la bienvenida al nuevo compañero»[4].

El *ABC* señalaba también la presencia de Leonardo Torres Quevedo y de Eduardo Torroja.

Blas Cabrera en el discurso de bienvenida a Einstein le dirá entre otras cosas que « [...] la Academia de Ciencias otorga la distinción más alta al sabio, que con su análisis del tiempo, ha quebrantado la Mecánica de Galileo y de Newton, que ha descubierto la constancia de la velocidad de la luz y que ha establecido la identificación de la materia con la energía»[4].

---

[2] *Ibíd.*, p. 78.
[3] Fabra Rivas, A.: *Una visita a Einstein*, El Sol, 27 de marzo de 1930, recogido en Thomas F. Glick: *Einstein y los españoles*, *op. cit.*, p. 79.
[4] Real Academia de Ciencias Exactas, Físicas y Naturales: *Conmemoración del centenario de Einstein*, 2ª ed. Madrid, 1987, p. 7.

Einstein contestó leyendo su discurso en alemán. Agradece las palabras de Cabrera y añade: «[...] demuestran la forma consciente y cariñosa con que ha estudiado el trabajo de mi vida»[4].

Y así era: Cabrera había estudiado exhaustivamente la teoría de Einstein. En enero de 1923 la Residencia de Estudiantes publicaba el libro *Principio de Relatividad*, escrito por Blas Cabrera, que acompaña al título de Principio de Relatividad con las frases, *sus fundamentos experimentales y filosóficos y su evolución histórica.* En el prólogo expone Cabrera que el libro recoge una serie de conferencias impartidas por el autor en el Ateneo de Madrid, la Sociedad Científica Argentina, la Facultad de Ingeniería de la Universidad de Córdoba (república Argentina) y, por último, en la Facultad de Ciencias de Madrid. Dice el autor que «Perseguía en todas ellas probar que no existe nada en las ciencias positivas que esté en oposición con el principio de relatividad, tanto en su forma restringida como en la general»[5].

Ha sido muy rápida la propagación de la Teoría de la Relatividad en España. No olvidemos que hasta el eclipse de 1919 no recibe el espaldarazo definitivo la relatividad general, y en el libro de Cabrera se estudia no solamente la relatividad especial sino también la general. Contiene el libro al final unos apéndices que explican los *tensores,* algo con lo que tuvo que enfrentarse Einstein al elaborar su teoría general de la relatividad y que motivó su petición de ayuda a su amigo Marcel Grossmann. En definitiva, Cabrera conoce perfectamente y al poco tiempo de nacer, la teoría física más moderna.

En la sesión de homenaje a Einstein hablaron también el presidente de la Academia, Rodríguez Carracido y el ministro de Instrucción Pública que llega a ofrecer ayuda a los alemanes: «[...] sepa el Prof. Einstein que por voluntad del Soberano y del Gobierno de España, ésta está dispuesta a [...] ayudar en sus investigaciones a los sabios alemanes, cuya labor está dificultada actualmente por el estado económico que atraviesa su patria»[6].

Después de la ceremonia, Einstein asistió a una de aquellas fiestas sociales que tanto le aburrían ofrecida por unos marqueses, pero parece que esta vez fue menos penoso que de costumbre, pues terminó tocando el violín en compañía de un violinista profesional.

---

[5] Cabrera, Blas: *Principio de relatividad,* Publicaciones de la Residencia de Estudiantes, Madrid, 1923, p. 9.

[6] Real Academia de Ciencias Exactas, Físicas y Naturales: *Conmemoración del centenario de Einstein,* 2ª ed. Madrid, 1987, p. 8.

Einstein dio también conferencias en la Universidad de Madrid. La primera de ellas sobre relatividad especial un día antes de la sesión de la Academia, la tarde del sábado, día 3 de marzo de 1923. Se publicará posteriormente sobre la base de las notas tomadas por Pedro Carrasco, Julio Palacios, Fernando Lorente de No y Tomás Rodríguez Bachiller.

Otra de las conferencias pronunciadas por Einstein mereció el siguiente comentario del periódico *ABC* del día 6 de marzo de 1923: «absolutamente inaccesible aún para un público de cultura extensa»[6]. Aún así el público asistía en gran número a las conferencias.

El académico Armando Durán, en su conferencia inaugural con motivo del centenario de Einstein, afirma: «Casi puede decirse que su estancia en España se desarrolla en loor de multitud, como en la vida de los héroes»[7]. Vemos que tampoco España se había librado del influjo de Einstein y la relatividad, y la magia del nombre de Einstein también la había invadido. Todo ello a pesar de que Einstein, en un momento determinado, duda de si es conveniente su visita a España y pregunta si creen que en España estarán interesados en la relatividad.

Las conferencias que Einstein dio en España habían sido acordadas con él en su aspecto financiero. Por las conferencias que dio en Madrid, por ejemplo, le habían ofrecido 3.500 pesetas de la época. Esta era una cantidad importante, equivalente al sueldo de un profesor universitario durante todo un año, o si lo comparamos con el precio de un libro de relatividad, digamos que el de Cabrera mencionado anteriormente costaba 7,50 pesetas.

Einstein había manifestado su deseo de conocer a Ramón y Cajal, y durante su estancia en Madrid se organizó una visita con ese fin el lunes 5 de marzo de 1923 a las ocho y media de la tarde. Einstein anotó en su diario esta visita, describiéndolo como «un maravilloso viejo»[8].

Como se conservan los diarios de Einstein de su visita a España[9], sabemos que de su viaje a Barcelona apenas realizó anotaciones, salvo una genérica diciendo que había sido agradable y una mención de gente agradable entre los que cita a Terradas. En cambio, de su viaje a Madrid se conservan muchos comentarios, como éste: «el Rey, sencillo y digno me produjo admiración»[10] (7 de marzo). También sabemos que le agradaron las visitas que hizo a Toledo el día 6 de marzo, «uno de los días más hermosos de mi vida»[10].

[7] *Ibíd.*, p. 9.
[8] Glick, Thomas F: *Einstein y los españoles, op. cit.*, p. 305.
[9] *Ibíd.*, pp. 305-306.
[10] *Ibíd.*, p. 306.

El 8 de marzo fue investido *doctor honoris causa* por la Universidad Central de Madrid.

Einstein también sostuvo conversaciones con la Asociación de Alumnos de Ingenieros del ICAI (Instituto Católico de Artes e Industrias) y se comprometió a dar una conferencia en el ICAI. El 8 de marzo después del *doctorado honoris causa*, fue a las 12:30 al ICAI, donde cumplió su compromiso con los estudiantes pronunciando una conferencia en francés, y por la tarde de nuevo otra conferencia, esta vez en el Ateneo, presidida por el doctor Marañón.

La actividad de Einstein en España fue incesante. El viernes 9 de marzo tuvo la mañana para descansar y visitó El Escorial. «Un día maravilloso» escribió en su diario[10]. Y para ese mismo día tiene anotado en su diario «Por la tarde una recepción en la Residencia con discursos por Ortega y por mí»[10]. Con la palabra Residencia, Einstein se refiere a la Residencia de Estudiantes. Por Ortega designa a Ortega y Gasset. Había hablado con él bastante sobre la Relatividad durante su estancia en España, y Ortega actuó de traductor en la conferencia que Einstein pronunció en alemán.

No terminó en Madrid su visita a España, iría todavía a Zaragoza, donde había acordado pronunciar dos conferencias. No pudo aceptar la oferta de Valencia.

El 12 de marzo emprendió el viaje en tren a Zaragoza. También allí fue honrado con la distinción de Académico correspondiente de la Academia de Ciencias. La primera conferencia tuvo lugar casi inmediatamente a su llegada a Zaragoza. A las dos horas estaba Einstein hablando en francés en el salón de actos de la Facultad de Medicina.

Por la noche tuvo lugar una recepción en la casa del cónsul alemán. El detalle más emotivo de la noche, en opinión de, *El Heraldo de Aragón* (15 de diciembre de 2002) «correspondió al momento en que el sabio alemán lució su arte maravilloso con el violín, acompañándolo al piano la señorita Castillo»[11]. Una foto de ambos en pleno concierto puede verse en *El Heraldo de Aragón*.

La mañana del día siguiente, 13 de marzo, la emplearon los Einstein en hacer turismo. Visitaron la basílica del Pilar, La Seo, la catedral de El Salvador, la Lonja y el palacio de Aljafería. Einstein quedó impresionado por la arquitectura de los monumentos, y no dudó en elogiarlos profusamente.

En el banquete que las autoridades le ofrecieron al mediodía, Einstein se refirió a su «confianza de que se llegue a salvar la crisis de

---

[11] *El Heraldo de Aragón*, 15 de diciembre de 2002.

Alemania para hacer posible la urgentemente necesaria reconstitución de Europa»[11].

La segunda conferencia la pronunció Einstein en el mismo lugar a las 18:15 del segundo día de su estancia en Zaragoza, 13 de marzo de 1923. Esta vez había menos gente que la jornada anterior, en contraste con lo sucedido en Barcelona y Madrid donde la sala siempre había estado completamente llena. Se cita una anécdota curiosa al terminar la conferencia. El rector, Royo Villanova, pidió a Einstein que no borrara la pizarra y avalara con su firma los dibujos y fórmulas que había escrito para que quedara constancia de su paso, «a fin de poder mostrarlos a las generaciones venideras como reliquias [...]»[11].

Al día siguiente, 14 de marzo de 1923, Albert y su mujer Elsa, partieron hacia Bilbao en el rápido de la mañana.

Durante sus conferencias en España, Einstein no se presentó como un revolucionario de la ciencia, sino más bien como un continuador de la física clásica, señalando que la relatividad era la «culminación de la física de Galileo y Newton»[12]. Sobre una publicación en la que se le atribuían determinadas afirmaciones políticas dijo que él no era un revolucionario ni siquiera en ciencia. El presentarse como un continuador de la física clásica con la relatividad, salvando todo lo posible del edificio construido hasta entonces, es algo que Einstein repitió en varias ocasiones.

Durante su estancia en España, Einstein fue asediado por los periodistas a pesar de las medidas de seguridad que se habían tomado para mantenerlo alejado de la prensa. El *ABC* del 2 de marzo de 1923 publica una entrevista con Einstein, conseguida hábilmente por el periodista Andrés Révész, que en lugar de esperar la llegada de Einstein a Madrid en el rápido de Barcelona, tomó ese mismo tren en Guadalajara, según relata él mismo[13], y comenzó a buscarlo por el tren compartimento por compartimento hasta que lo encontró en compañía de su esposa. Llamó a la puerta y se presentó con el *ABC* del día que llevaba a Einstein en la portada. Según cuenta, Einstein lo invitó a sentarse, y según se desprende de la entrevista, no parecía molesto por el modo de actuar del periodista, sino todo lo contrario, se comportó amablemente e incluso se rió cuando le preguntó por los detalles de su vida cotidiana. «Se echa a reír; tiene una risa muy juvenil»[13], dice Révész. Se ha mencionado muchas veces su risa característica, que aún hoy día podemos escucharla en el documento audiovisual que se puede consultar en Internet en la dirección que indicamos en el apartado C) de la bibliografía.

---

[12] Glick, Thomas F: *Einstein y los españoles*, *op. cit.*, p. 71.
[13] *ABC*, 2 de marzo de 1923.

Einstein contestó amablemente la pregunta, tanto en lo referente a su vida profesional como privada: «[...] cuando me preocupa un problema no trabajo durante días enteros; me paseo, voy y vengo en mi casa, fumo, sueño y pienso. Por el contrario, hay semanas en que no ceso de trabajar. Pero, en general, me acuesto a las once y me levanto a las ocho. [...] Desgraciadamente, fumo mucho, aunque sé que el tabaco perjudica a la salud y a la memoria. Por esa misma razón no pruebo el alcohol [...]»[13].

En esa misma entrevista Einstein señala como sus músicos preferidos a Bach y Mozart, y a la pregunta de sus poetas preferidos responde: «Shakespeare y Cervantes. Leo muy a menudo el *Don Quijote* y también las *Novelas ejemplares*. Cervantes me gusta de manera extraordinaria. Tiene un humor encantador, al cual se suma uno involuntariamente. También me gusta la literatura rusa, ante todo Dostoyevski, y [...] *Los hermanos Karamazof*»[13].

A pesar de que su respuesta pueda parecer una concesión al público español, no es así. En varias ocasiones, fuera de España, se recogen testimonios de la afición de Einstein por Cervantes así como por *Los hermanos Karamazof* de Dostoyevski, obra de la que llegará a afirmar que es el mejor libro del mundo. Esta inclinación de Einstein por la literatura cervantina tiene tanto más valor cuanto que Einstein reconocerá que no suele leer novelas, porque se implica tanto con el destino de los personajes que no aprecia la calidad literaria.

La relación de la relatividad con la filosofía en España se encuentra personificada básicamente en Ortega y Gasset y Zubiri. Éste último relata una conversación que había tenido con Einstein en Berlín en 1930, en la que el científico explica un poco su famosa frase, «Dios no juega a los dados»: «[...] Es concebible que Dios haya podido crear un mundo distinto. Pero pensar que en cada instante está Dios jugando a los dados con todos los electrones del universo, esto, francamente, es demasiado ateísmo»[14].

La cátedra extraordinaria para Einstein en España

El interés en España por la figura de Einstein no desapareció después de su marcha. En abril de 1933 el Consejo de Ministros aprobó la creación de una cátedra extraordinaria para Einstein en la Universidad

---

[14] Zubiri, Xavier: *La idea de la naturaleza. La nueva Física* (1934), en Naturaleza, Historia, Dios, 3ª ed., Madrid, Editora Nacional, 1955, pp. 255-259 y 262-265, 271, citado en Glick, Thomas F: *Einstein y los españoles, op. cit.*, p. 290.

Central de Madrid con una dotación de 18.000 a 20.000 pesetas. Las personas más interesadas en el tema parece que eran el embajador español en Londres, Pérez Ayala, y Yahuda, ex-profesor de hebreo en la Universidad Central de Madrid, que era un judío muy integrado en los círculos sionistas. Ambos sirvieron de intermediarios en la correspondencia con Einstein para llevar a buen término todo el proceso. En la correspondencia con Einstein se menciona que en España existen dos científicos de talla internacional, el matemático Rey Pastor y el físico Blas Cabrera.

España quería asegurarse la participación de Einstein a cualquier precio y la oferta que le hacían no contemplaba obligaciones por parte de Einstein: «se le deja por entero a su libre arbitrio para que haga, según le plazca, aquello que coincida con su conveniencia o comodidad»[15].

Sorprendentemente para muchos, Einstein aceptó casi instantáneamente la oferta de la cátedra en Madrid. Este hecho tuvo resonancias internacionales inmediatas. El propio Einstein tuvo que enviar una carta al *New York Times* aclarando la situación. En la carta, Einstein explica que sigue manteniendo el compromiso con el Instituto de Estudios Avanzados de Princeton, donde tiene previsto pasar los seis meses de octubre a abril, así como los cursos y conferencias que tiene comprometidos con Oxford y Bruselas. Einstein afirma que las fechas que dedicará a la Universidad de Madrid no coincidirán con las de los compromisos anteriores.

En este sentido explica detalladamente, a los pocos días de la propuesta española, que ese año de 1933 tiene ya comprometido todo el tiempo y que no podrá ocupar la cátedra española hasta abril o mayo del año siguiente, y durante un tiempo de cuatro a seis semanas.

Al mismo tiempo escribe sus peticiones para trasladarse a Madrid. Básicamente son tres: poder llevar a un ayudante y que, por lo tanto, tenga nombramiento en España; una casita a pocos kilómetros de Madrid para poder trabajar tranquilo, y poder participar en la selección de su secretaria, si le conceden una. También da las gracias al gobierno español (el ministro de Instrucción Pública era Fernando de los Ríos) por su generosa oferta, y, al mismo tiempo, renuncia a parte del sueldo, y dice que con la mitad de lo que le han asignado será suficiente para cubrir sus gastos.

---

[15] Carta de Ayala a Einstein, Archivos Einstein, citada en Glick, Thomas F: *Einstein y los españoles, op. cit.*, pp. 268-269.

Hay que recordar que la oferta española le llegaba a Einstein en el momento más conveniente para una posible aceptación. Estamos en 1933 y Einstein ya ha salido de Alemania. Se encuentra en Coq-sur-Mer, en Bélgica, esperando a ver cómo se desarrollan los acontecimientos.

Al poco tiempo le llega a Einstein una oferta parecida a la española, pero de Francia. Einstein escribe a su amigo Paul Langevin lamentando la fatalidad de las fechas. Ya ha aceptado la oferta española. Justifica su aceptación diciendo: «[...] ambas invitaciones eran, al menos en parte, demostraciones políticas que consideré importantes y que no quise echar a perder»[16].

Sin embargo, los acontecimientos le iban a resolver a Einstein el problema.

A mediados de 1933 la situación política en España era bastante inestable, y Einstein ve dificultades en que se lleve a efecto su incorporación a la Universidad de Madrid. Llega a afirmar: «Me parece ahora que la situación en España es muy inestable. Se puede pensar que de aquí al año que viene se comprobará que ya no se asigna ningún valor a mi ida a España. [...]»[16].

Transcurrió cierto tiempo sin que Einstein recibiera noticias de España, hasta quedar un poco desconcertado por la situación, pero Pérez Ayala y Yahuda seguían trabajando para lograr su propósito de llevar a Einstein a España, y contactaron con él inmediatamente después de que el consejo de Ministros aprobara la dotación de la cátedra extraordinaria para Einstein en la Universidad Central de Madrid. El presupuesto aprobado había sido de 27.000 pesetas. Era una cantidad muy alta, equivalente a 10.000 dólares de la época.

Einstein, que había hablado de su necesidad de una casita cerca de Madrid para poder trabajar tranquilo, opina ahora que, puesto que no va a poder estar mucho tiempo en Madrid, sería mejor un hotel.

Debido a los compromisos contraídos por Einstein apenas le queda tiempo disponible. Se interesa por la cuestión de su ayudante. En aquellos momentos trabajaba Walther Mayer con él. Era un matemático que Einstein se había llevado en sus viajes a Estados Unidos, y con el que publicó ocho trabajos, más que con ningún otro de sus ayudantes. Elogió a su ayudante y, en concreto, mencionó que hablaba bien francés y que pronto sabría el suficiente español como para dar las conferencias en español. Mayer era austriaco y tenía entonces cuarenta y seis años.

---

[16] Langevin, Luce: *Paul Langevin et Albert Einstein d'après une correspondance et des documents inédits*, La pensée, 161, febrero 1972, p. 29-31, citado en Glick, Thomas F: *Einstein y los españoles, op. cit.*, p. 273.

En España se quería contar con Einstein a toda costa y no se puso ninguna dificultad a su nombramiento.

Mientras tanto, Einstein quiere explorar la posibilidad de nombrar a un ayudante para su puesto en la Universidad de Madrid, así como para suplente suyo en el Instituto Einstein que se creará.

Su petición es acogida favorablemente por las autoridades españolas. Incluso le mencionan que de las 27.000 pesetas de su sueldo, puede utilizar 20.000 para pagar al ayudante, y eso sería un sueldo magnífico.

En aquellos años la situación política en Alemania era penosa para los judíos. Se había promulgado una ley por la que los científicos judíos que trabajaban en Alemania debían abandonar los puestos públicos. Por este motivo trataban de encontrar algún lugar en el extranjero. Como comentó Einstein: «cualquier país puede ahora obtener científicos de primera fila a precios de saldo».

En esta situación, Einstein se reconoce un privilegiado. Mientras sus colegas tratan de encontrar un puesto de trabajo en el extranjero, él tiene tantas ofertas que no puede atender a todas. Se esfuerza por ayudar a sus compañeros en dificultades y, en el caso de Mayer, ofrece también sus servicios a Flexner para el Instituto de Estudios Avanzados de Princeton. En esta ocasión, según opina Pais[17], Einstein demostrará que también sabe ejercer presión y utilizará el argumento de que Mayer tiene ya una oferta de Madrid para conseguirle una buena posición en Princeton.

Efectivamente Mayer seguirá trabajando con Einstein en Princeton hasta 1934, en que se independizará y trabajará en investigación en matemáticas.

Una vez colocado su ayudante Mayer, Einstein se ha creado un problema nuevo: se ha quedado sin ayudante para Madrid. Piensa en Max von Laue para sustituirlo. Lo considera el mejor candidato que tiene en su haber, además, el premio Nobel. Cualquiera de los científicos judíos alemanes aceptaría encantado la propuesta de Einstein, pero von Laue no es judío, y aunque es crítico con la política alemana, duda en abandonar su puesto en Berlín. También Einstein piensa que debería tratar de ayudar a un científico judío, como pone de manifiesto una carta escrita por su mujer Elsa con este motivo a Yahuda el 3 de mayo de 1934: «[...] encuentro que es cruel que cuando uno tiene una oportunidad de proporcionar una colocación para un profesor judío, se ofrezca el puesto a Laue que, en cualquier caso, tiene uno en Berlín. [...]»[18].

---

[17] Pais, Abraham: *El Señor es sutil... La ciencia y la vida de Albert Einstein.* Ariel, Barcelona, 1984, p. 492.

[18] Glick, Thomas F: *Einstein y los españoles, op. cit.,* p. 278, cita tomada de los Archivos de Einstein.

Piensa Einstein en Born para el puesto, pero éste ha conseguido un contrato con la Universidad inglesa de Cambridge. Luego se inclina por Schrödinger, pero tiene ya trabajo. Finalmente piensa en Leopold Infeld que era polaco y no tenía demasiado nombre en aquella época. Había realizado algunos trabajos sobre relatividad, y posteriormente escribiría un libro con Einstein: *The Evolution of Physics*, Simon & Schuster, New York, 1939. Trad.: La Física, aventura del pensamiento, Ed. Losada, Buenos Aires, 1939.

Parece ser que Born tenía otros candidatos para ese puesto, pero eran todos especialistas en mecánica cuántica, no en relatividad[19].

Los contactos se establecen con Infeld que acepta la oferta, pero se presenta un problema. Einstein quiere que su ayudante se incorpore al puesto de Madrid directamente, pero las autoridades españolas, que están dispuestas a aceptar a Infeld, le hacen ver que, de acuerdo con la legislación española, para poder nombrar al ayudante, previamente es necesario que el catedrático tome posesión, lo cual implicaría que Einstein debería trasladarse a Madrid para tal acontecimiento. Algo a lo que Einstein ya no parecía muy dispuesto.

Desafortunadamente para los intereses científicos de España, nada de esto se llevó a cabo. Las negociaciones para llegar a un acuerdo seguían en 1935. La situación política dio al traste con todo ello, tal y como sospechaba Einstein, y España se privó de haberse convertido en un foco de investigación tal vez de primera línea en física relativista o física cuántica.

---

[19] Glick, Thomas F: *Einstein y los españoles, op. cit.,* p. 282.

XIII.   LA REVOLUCIÓN CUÁNTICA

(Dios no juega a los dados)

Se puede considerar a Planck y Einstein como iniciadores de la física cuántica. Ello supone el fin de la física clásica. En este sentido es curioso destacar que Planck no quiso renunciar a la física clásica y que Einstein, que generalizó y amplió la idea de Planck de los cuantos (de ahí el nombre de cuántica), terminaría considerando incompleta la teoría cuántica y apartaría su camino del que siguieron la mayoría de los físicos de la época.

Planck comenzaba sus estudios universitarios en 1874. Dudaba entre estudiar música, filología antigua y física[1]. Ante la duda decidió consultar al catedrático de Física de Múnich, Philipp von Jolly, y éste no le aconsejó estudiar física, porque pensaba que ya estaba descubierto lo fundamental y sólo quedaban aspectos secundarios por investigar. Algo parecido habían pensado los discípulos de Newton dos siglos antes. Afortunadamente, Max Planck no le hizo caso y se convertiría en uno de los mayores científicos del siglo XX, siendo el padre de la física moderna y ganador del premio Nobel en 1918. Pues bien, sólo trece años después de esas palabras que confirmaban la creencia generalizada de que el edificio de la física estaba construido sólidamente, Heinrich Hertz descubre en 1887 un extraño fenómeno que se conoce con el nombre de «efecto fotoeléctrico», que va a socavar los cimientos de la física clásica y que obligará a construir un nuevo edificio. Aquí podemos situar el nacimiento de la física cuántica.

Se había observado que al iluminar determinados cuerpos se producía una corriente eléctrica. Es decir, la superficie desprendía electrones. Este fenómeno se denominó «efecto fotoeléctrico». Como puede observarse, el nombre hace referencia a la causa y al efecto del fenómeno. La

---

[1] Sánchez Ron, José Manuel: *El siglo de los cuantos,* Ed. España Nuevo Milenio, Madrid, 2001, p. 18.

causa es la luz, de ahí la primera parte del nombre foto, y el efecto, la corriente eléctrica o electrones.

Las aplicaciones prácticas inmediatas del efecto fotoeléctrico han sido las famosas células fotoeléctricas, que se usan como mecanismo de cierre y apertura de puertas, por ejemplo.

El físico alemán Philipp Lenard, furibundo antirrelativista que mantuvo enfrentamientos públicos con Einstein, aparece de nuevo en escena. Era un físico prestigioso y fue galardonado con el premio Nobel en 1905, curiosamente el *annus mirabilis* de Einstein. Sus descubrimientos habían sido estudiados por Einstein y, en esta ocasión, ambos van a abordar el mismo problema. Lenard demostró que la explicación del efecto fotoeléctrico consistía en admitir que se desprendían electrones del cuerpo iluminado, y que ello era debido a que la energía de la luz se transmitía a los electrones, los cuales la utilizaban para abandonar el átomo en que se encontraban. Los electrones se hallan en los átomos y un flujo de electrones constituye la corriente eléctrica.

Era de esperar que si se aumentaba la intensidad de la luz que caía sobre el cuerpo, aumentaría la velocidad de los electrones que escapaban. Y aquí vino la sorpresa, que puede considerarse como el origen de la física cuántica: no sucedió lo esperado. La velocidad de los electrones no aumentó, aunque la física clásica lo predecía.

La explicación tuvo que esperar hasta el 17 de marzo de 1905 y el primer artículo de Einstein de ese año, denominado *Sobre un punto de vista heurístico acerca de la producción y transformación de la luz*, que le valió a su autor el premio Nobel. En ese artículo (calificado por el propio Einstein de revolucionario) resuelve la cuestión haciendo uso de una hipótesis que había introducido Planck el 14 de diciembre de 1900. Planck demostraba que ciertos resultados experimentales conocidos se explicarían bien si en la interacción de la materia con la luz, ésta se comportara como si sólo intercambiara energía en forma de paquetes (cuantos) enteros, como si se tratara de partículas o corpúsculos, y no pudiera intercambiarla de forma continua. Esto es, podría intercambiar un paquete (cuanto) o dos, pero no podría intercambiar un cuanto y medio, por ejemplo. Esos cuantos habían sido introducidos por Planck: «El intercambio de energía entre la radiación de frecuencia ν y la materia siempre se efectúa mediante unidades elementales de valor $h \nu$». La letra h se denomina constante de Planck.

Esta idea la toma Einstein y la aplica al efecto fotoeléctrico. De esta manera resulta que al incidir la luz sobre el cuerpo, sus electrones sólo podrán absorber cuantos completos de energía. En 1926 Gilbert Newton-Lewis propuso el nombre de fotones para estos cuantos, que es el nombre con que se les conoce actualmente. Y cada fotón transmitirá toda su energía a un solo electrón. Si la energía que recibe el electrón en forma de cuanto (fotón) es suficiente para escapar del átomo, entonces saldrá con la velocidad sobrante. Si, por el contrario, el cuanto que recibe el electrón no es suficiente para escapar del átomo, se quedará allí. Como el cuanto de energía es proporcional a la frecuencia de la luz, a mayor frecuencia, mayor será el valor del cuanto y mayor será la energía que suministrará al electrón. Por tanto, la luz que tenga frecuencias altas, que es la de la zona del color violeta, suministrará más energía al electrón y la del rojo, que es la de menor frecuencia, suministrará menor energía.

Einstein da un paso más que Planck y propone que la luz está compuesta por cuantos (fotones). No solamente en su interacción con la materia, sino como propiedad de la radiación electromagnética libre. Es como si la luz estuviese constituida por cuantos. La diferencia con Planck es esencial. Planck se refería solamente a la interacción con la materia y Einstein a la constitución propia de la luz. Esta diferencia la pondría Einstein de manifiesto con su habitual sentido del humor y con su tradicional amor por los ejemplos visuales: «El hecho de que la cerveza se venda en botellas de cuarto de litro, no significa que esté constituida por elementos individuales de cuarto de litro».

La comprobación experimental de la idea de Einstein tuvo que esperar una década, hasta que Millikan realizara un experimento que lo confirmara, en contra de lo que esperaba el propio Millikan. En 1923 concedieron el premio Nobel a Millikan. Posteriormente, Compton efectuó la comprobación más clara de las ideas de Einstein sobre los cuantos en lo que se ha denominado efecto Compton. En 1927 Compton fue recompensado con el premio Nobel de Física juntamente con Wilson.

Hemos asistido al nacimiento de la física cuántica de la mano de Planck y de Einstein, pero veamos los problemas que plantearon y sus opiniones sobre lo que ellos habían iniciado.

En primer lugar, la explicación de Einstein del efecto fotoeléctrico, basada en que la luz se comporta como si estuviera constituida por cuantos, es válida para determinado tipo de fenómenos, pero no se podía eludir que para otro tipo de fenómenos la luz mostraba un comportamiento ondulatorio. Esto parecía desafiar el sentido común, ¿cuál era la naturaleza de la luz? O era ondulatoria o era cuántica, pero no las dos cosas al mismo tiempo, y aquí parecía que era eso lo que se afirmaba. Unas veces se recurría a su naturaleza ondulatoria y otras a su naturaleza cuántica, según el tipo de fenómeno que se tratara de explicar, y eso parecía algo inaceptable.

De cualquier modo era la primera vez que se presentaba en física una situación como ésta, y la comunidad científica no estaba dispuesta a admitirla tan fácilmente.

Por lo que se refiere a Planck, cuyo nombre lleva la constante característica de la física cuántica, no aceptó la idea de Einstein de que la luz estuviera constituida por cuantos. Para él los cuantos sólo se presentaban cuando interaccionaba la luz con la materia. No estaba dispuesto a renunciar a la física clásica. Más aún, todavía en 1912 combatía la idea de su amigo Einstein en sus conferencias. Pocos adeptos tenía la hipótesis de Einstein. En 1913, el mismo Planck, que juntamente con Nernst Rubens y Warburg habían propuesto a Einstein como miembro de la Academia Prusiana de Ciencias, además de elogiarle profusamente, le disculpaban «que alguna vez haya errado el blanco en sus especulaciones, como por ejemplo, con su hipótesis de los cuantos [...]»[2].

En toda la controversia que siguió a la hipótesis de Einstein, ¿cuál era la opinión del propio Einstein? Pues bien, en honor a la verdad se ha de decir que su actuación fue de un tacto exquisito. Hasta tal punto fue prudente Einstein que en el Primer Congreso de Solvay, celebrado en 1911 dijo: «Insisto en el carácter provisional de este concepto (cuanto de luz), que no parece reconciliable con las consecuencias experimentalmente verificadas de la teoría ondulatoria»[3]. Einstein que contaba 32 años, era el más joven de los participantes en el congreso más importante de la época.

Hasta que llegaron las confirmaciones experimentales de la hipótesis de Einstein, los físicos se mostraban conservadores. Científicos de la talla de Millikan o von Laue declaraban que la hipótesis de Einstein les parecía insostenible.

Posteriormente, la evidencia experimental fue tan clara que los cuantos de luz fueron aceptados por toda la comunidad científica. Se había producido una revolución científica. Había terminado la física clásica y había nacido la física cuántica.

Aún así, Planck fue siempre contrario a abandonar la física clásica, a pesar de haber introducido por primera vez el cuanto. ¿Y Einstein? El Quinto Congreso de Solvay se celebró en Bruselas del 24 al 29 de octubre de 1927 sobre el tema «Electrones y fotones». Podría decirse que

---

[2] Kirsten, G. y Körber, H.: *Physiker über Physiker* (Físicos sobre Físicos), Academic Verlag, Berlín, 1975, p. 201, citado en Pais, Abraham: *El Señor es sutil... La ciencia y la vida de Albert Einstein*, Ariel, Barcelona, 1984, p. 386.

[3] Langevin, P. y De Broglie, L: *Proceedings of the First Solvay Congress*, eds., Gauthier-Villars, Paris, 1912, p. 443, citado en Pais, Abraham: *El Señor es sutil... La ciencia y la vida de Albert Einstein*, Ariel, Barcelona, 1984, p. 386.

todos los desarrollos presentados sobre Física cuántica estaban basados en las ideas de Einstein, y los diferentes autores esperaban recibir de Einstein la aprobación. Le consideraban el maestro natural y esperaban contar con él como dirigente del grupo. Estaban ansiosos por conocer su opinión. Einstein escuchaba en silencio durante las primeras sesiones y cuando se decidió a hablar fue debido a una referencia a un trabajo suyo. Pues bien, el asombro de la concurrencia debió de ser enorme, cuando Einstein se mostró contrario a las nuevas ideas cuánticas expuestas y se declaró firme partidario de los conceptos clásicos de determinismo y causalidad. Allí se desarrolló una de las célebres controversias Einstein-Bohr.

Einstein mantuvo la coherencia con su línea de pensamiento hasta el final. Y la idea de que la hipótesis de los cuantos era provisional nunca le abandonó. Su instinto científico le decía que aquella idea era transitoria, y llegó a decir a Leopold Infeld: «Puede que yo haya iniciado la física cuántica, pero siempre consideré esas ideas como transitorias. Nunca creí que otros pudieran tomarlas mucho más en serio de lo que yo las tomaba». El 12 de diciembre de 1951 escribía a su amigo Besso: «Estos cincuenta años de meditación no me han acercado a responder la pregunta, ¿qué son los cuantos de luz?»

El camino de Einstein desde los años 30 se apartó del que siguieron la mayoría de los físicos, que consideraban que sus objeciones a la física cuántica habían sido contestadas adecuadamente y para siempre por Bohr. Mientras la Teoría de la Relatividad pasó a ser una ocupación permanente en su vida, no ocurrió lo mismo con la física cuántica, que su intuición científica le hacía considerar provisional.

De los famosos tres artículos que publicó en 1905, el que encontró más resistencia para su aceptación en la comunidad científica fue el del efecto fotoeléctrico, que le convertía en uno de los fundadores de la física cuántica.

Bohr y Einstein mantenían puntos de vista diferentes sobre la teoría cuántica, pero, a pesar de ello, sus relaciones eran muy cordiales, basadas en el respeto y admiración. Se encontraron por primera vez en 1920 y, a partir de ahí, se vieron en diversas ocasiones, pero sobre todo, mantuvieron una activa correspondencia. Esas buenas relaciones personales las mantuvieron hasta el final. Y también la controversia científica Einstein-Bohr duró hasta el final.

A pesar de la actitud escéptica de Einstein hacia la física cuántica, a partir de 1930 reconoce que la mecánica cuántica es consistente, pero no es completa. No aceptaba el carácter estadístico de la mecánica cuántica[4].

---

[4] Einstein, Albert: *Autobiographical Notes* (1ª ed. 1949), ed. Paul Arthur Shilpp. Open Court Publishing Company, 1979, p. 81. Existe traducción española: *Notas autobiográficas*, Alianza Editorial, Madrid, 1984.

El no ser una descripción completa, opinaba él, se manifestaba en la naturaleza estadística de sus resultados. De ahí su conocida frase: «Dios no juega a los dados». Einstein fue un firme defensor del determinismo clásico en física, del principio de causalidad y de la existencia de un mundo objetivo independientemente de nuestras observaciones sobre él. Por eso nunca aceptó determinadas posiciones cuánticas, que le llevarían a afirmar: «Parece difícil mirarle los naipes a Dios. Pero ni por un momento puedo creer que Él esté jugando a los dados y haga uso de medios "telepáticos" (como la teoría cuántica actual alega que está haciendo Él)»[5].

En la Quinta Conferencia Solvay de 1927, participaban todos los fundadores de la física cuántica: Planck, Einstein, Bohr, De Broglie, Heisenberg, Schrödinger y Dirac. Einstein se mantenía en silencio durante gran parte de las reuniones, pero participaba mucho en las conversaciones que mantenían en el hotel en que todos estaban alojados.

Einstein era especialmente sensible al *Principio de incertidumbre de Heisenberg*, formulado por Heisenberg ese mismo año, y que viene a asegurar en mecánica cuántica que es imposible conocer con toda la precisión deseada las medidas de determinadas parejas de magnitudes que se requieren para determinar el estado de un sistema, de modo que si una se conoce con mucha precisión, la otra deberá tener poca precisión. Por ejemplo, es imposible conocer simultáneamente y con exactitud la posición y la velocidad de un electrón.

El propio Heisenberg[6] describe la postura de Einstein en el Congreso. Cómo Einstein pretendía refutar el principio de incertidumbre mediante contraejemplos. Al desayuno solía llevar algunos ejemplos que aparentemente violaban el principio de incertidumbre para que se los rebatieran. Y, aunque la mayoría no le hacían mucho caso y seguían desayunando tranquilamente, Bohr siempre se preocupaba de analizar el ejemplo, y cuenta Heisenberg que, en el breve paseo desde el hotel hasta la sala de las conferencias, Einstein, Bohr y él, tenían tiempo de dejar el problema preparado para su análisis. Posteriormente, lo discutían él (Heisenberg), Bohr y Pauli, y cuando se reunían para cenar ya tenían la explicación con la teoría cuántica. A pesar de ello, Einstein se mantenía fiel a sí mismo. Relata Heisenberg que Einstein expresaba su credo con la famosa frase: «El buen Dios no juega a los dados», a lo que replicaba Bohr: «Pero es

---

[5] Cita de una carta de Einstein a Lnczos de 21 de marzo de 1942, recogida en Pais, Abraham: *El Señor es sutil... La ciencia y la vida de Albert Einstein*, Ariel, Barcelona, 1984, p. 442.

[6] Heisenberg, Werner: *Encuentros y conversaciones con Einstein y otros ensayos*, Alianza Editorial, Madrid, 1980, p. 125-126.

que no es asunto nuestro prescribir a Dios cómo tiene que regir el mundo». Y así se fue labrando la célebre controversia Einstein-Bohr.

En la Sexta Conferencia de Solvay celebrada en 1930, también en Bruselas, continuó la controversia, y se ha hecho famoso el contraejemplo que presentó Einstein y que mantuvo a Bohr una noche en blanco hasta lograr refutarlo. Esta vez Einstein decidió aprovechar su famosa ecuación $E=mc^2$ para tratar de violar uno de los principios de la mecánica cuántica: el principio de incertidumbre de Heisenberg antes mencionado. El experimento propuesto consistía en una caja llena de radiación dotada de una abertura que se abría y cerraba a voluntad con un mecanismo de relojería y dejaba escapar un fotón. El tiempo que permanecía abierta la abertura se podía medir con toda la precisión deseada, y la energía del fotón también gracias a la relación masa–energía de Einstein. Para ello bastaba pesar la caja antes de la salida del fotón y volverla a pesar después. Teniendo la diferencia de peso, y por lo tanto de masa, se tenía la energía perdida en virtud de $E=mc^2$. Esta era la energía del fotón. Se conseguía así medir, tanto el tiempo como la energía con toda la precisión deseada, contra lo que afirma el principio de incertidumbre de Heisenberg. Bohr no encontraba la respuesta. Estaba desconcertado. Nunca había tardado tanto en poder refutar los contraejemplos de Einstein. Bohr se pasó la noche tratando de encontrar la explicación cuántica y a la mañana siguiente lo explicó utilizando la Teoría de la Relatividad del propio Einstein. Sobre la base de la dilatación del tiempo y haciendo uso del principio de equivalencia de la Teoría de la Relatividad concluyó que se cumplía el principio de incertidumbre de Heisenberg. Había utilizado la propia teoría de Einstein para rebatirle. Einstein se retiró «vencido pero no convencido».

La postura de Einstein en esta cuestión no cambió. Heisenberg lo visitó en el otoño de 1954, unos meses antes de su muerte, y de nuevo volvieron a hablar de mecánica cuántica. Nuevamente, relata Heisenberg, Einstein le repetía una y otra vez su famosa frase: «Pero no va a creer Vd. que Dios juega a los dados», y que lo hacía casi como un reproche.

A pesar de todo, Einstein valoraba el trabajo de la mecánica cuántica no relativista. Buena prueba de ello es que propusiera para premio Nobel a Schrödinger y a Heisenberg.

Einstein continuó defendiendo hasta el final la realidad objetiva frente al carácter probabilístico de la mecánica cuántica. El que la mecánica cuántica hablara de la probabilidad de que un electrón estuviera en una determinada posición, y no pudiera asegurar (o sea, probabilidad 1) que estuviera, o no estuviera, en esa posición era algo que Einstein nunca compartió. Su frase «Dios no juega a los dados», era repetida por él una y otra vez para manifestarlo. En 1935 publicó en *Phys. Rev.* un artículo con Podolsky y Rosen sobre este tema que se conoce con el nombre de «paradoja de Einstein-Podolsky-Rosen», o en forma abreviada, paradoja de E-P-R. Se trata de analizar un ejemplo, como hizo Einstein innumerables veces, y un ejemplo sencillo como a él le gustaba. Dos partículas interactúan y luego se separan. Se espera mucho tiempo a que sigan sus caminos independientemente, y ahora se efectúa una medida sobre una de ellas. El resultado de la medición, dice la mecánica cuántica, dependerá de que se realice o no una medida sobre la otra. ¿Cómo sabe una partícula que se realiza o no una medida sobre la otra si interactuaron hace ya mucho tiempo?, parece decirnos nuestra experiencia macroscópica. Esta paradoja ha traído de cabeza a muchos físicos. Por supuesto que para Einstein era inaceptable este resultado.

Él esperaba que cuando se descubriera una teoría completa, englobaría a la mecánica cuántica y ese carácter estadístico desaparecería. Fiel a sí mismo se mantuvo hasta el final en esta idea, que apenas fue compartida por otros físicos. Einstein citó únicamente a Schrödinger y von Laue, pero ha habido muchos que han mostrado escepticismo o dudas sobre aspectos concretos de la mecánica cuántica, pero tampoco estaban de acuerdo entre sí o con Einstein.

Einstein era consciente del camino solitario que había elegido. Sabía cuál era el pensamiento de algunos de sus colegas sobre él. Alguien ya demasiado viejo para aceptar los nuevos cambios. Un fósil que está «ciego y mudo». Pero no le importaba. Así lo llegó a decir, añadiendo: «eso va muy bien con mi carácter». Se le escuchaba muchas veces por atención a su avanzada edad y respeto a lo que fue. En Princeton algún profesor llegó a comentar de él: «Ahí viene el viejo fósil», y alguna vez «viejo tonto». «Una vez más he vuelto a cantar mi vieja canción solitaria» decía en una carta a Bohr de 1949, donde se refiere al caso de un político que se expresa de esa forma, porque todos asienten sin molestarse siquiera en debatir su programa político. Parece que extendía el paralelismo a su caso. Lo escuchaban y asentían, pero nada más. Era un viejo dinosaurio en extinción.

Toda su vida fue un solitario en el aspecto científico. No creó escuela. No era su modo de trabajo, a diferencia de Bohr, su gran amigo, que desde muy joven se preocupó de formar jóvenes científicos y atraerlos a su entorno para formar un equipo científico. Investigación en equipo, grupos de trabajo, institucionalizar la investigación, es el modo de trabajo de la investigación actual. En ese sentido Bohr fue pionero. Fue capaz de aglutinar un equipo muy sólido en torno a él que se llamó: «Escuela de Copenhague». En cambio a Einstein se le puede considerar como el último representante de la vieja idea del científico distraído, romántico con ideas revolucionarias. En la Conferencia de Solvay de 1927, Einstein tuvo la oportunidad de ponerse al frente de la nueva generación de físicos emergentes, que le miraban como al padre de la física cuántica; entre ellos estaba Bohr, pero para sorpresa de todos Einstein se mostró reacio a admitir las nuevas ideas que surgían en torno a la teoría cuántica. El que se mantuviera siempre muy solitario e independiente en su camino investigador, no significa que no tuviera colaboradores. Su amigo de los tiempos de la ETH de Zúrich, Marcel Grossmann, fue el primero. Trabajaron juntos durante unos años y publicaron varios artículos juntos. Habían establecido una condición expresamente: Einstein era responsable de la parte de física y Grossmann de la de matemáticas. También puede decirse que colaborara con el físico indio Bose, hasta tal punto que hoy día se conoce el resultado de sus trabajos con el nombre de estadística de Bose-Einstein, pero fue una colaboración casual y muy singular, y más bien a distancia con intercambio de cartas.

Realmente tuvo muchos colaboradores, más de treinta posiblemente, pero generalmente, salvo excepciones, eran colaboraciones que consistían en la publicación de algún trabajo conjunto y poco más. A este respecto, tal vez el que trabajó durante más tiempo con Einstein fue Jakob Grommer, que colaboró durante diez años con él, desde 1917 a 1927. También con Paul Ehrenfest hizo algunas publicaciones conjuntas.

A pesar de estar ligado el nombre de Einstein con la física teórica, incluido el premio Nobel, no debemos olvidar que Einstein narraba en sus *Notas Autobiográficas* su interés por los trabajos prácticos en el laboratorio cuando se encontraba en la Politécnica de Zúrich, y que su primer trabajo estable fue en la Oficina de Patentes de Berna, en pleno contacto con la física aplicada. Por ese motivo no debería causar sorpresa que Einstein tuviera al menos 17 patentes. Todas ellas en colaboración con Leo Szilard, físico húngaro, que trabajó con Einstein en Europa y al que luego volvió a encontrar en Estados Unidos.

Algunas de estas patentes trataban sobre frigoríficos con una innovación conocida como bomba de Einstein-Szilard. Pretendían disminuir el ruido de los frigoríficos de la época. Estamos hablando de la década de 1920.

Publicó muchas veces artículos en colaboración con otros autores. En cambio, no solía proceder así en sus libros. Por eso merece especial mención el libro *The evolution of Physics*, que escribió en colaboración con Leopold Infeld en 1939. Podríamos citar a Infeld como otro de los colaboradores de Einstein, pues publicaron tres artículos juntos sobre relatividad general. La historia del libro reseñado parece que se reduce al deseo de Einstein de ayudar a Infeld económicamente en Estados Unidos, donde coincidieron en Princeton, y Einstein no halló otra forma de hacerlo. Desde luego consiguió su propósito, pues el libro fue un éxito.

Llegó a ser número uno de ventas desplazando al clásico de Dale Carnegie, *Cómo ganar amigos*. Hay quien dice, sin embargo, que Einstein no volvió a abrirlo después de publicado.

Un colaborador con el que trabajó muy a gusto Einstein desde el principio fue Walther Mayer. Incluso se lo llevó a Estados Unidos en su viaje de diciembre de 1930, para aprovechar los ratos libres trabajando con él. Posteriormente luchó para que en el Institute de Princeton le ofrecieran un puesto de profesor cuando le contrataron a él; hasta tal punto llegó, que, en alguna ocasión, vinculó su nombramiento con el de su ayudante. Esa colaboración terminó al poco tiempo de instalarse ambos en Princeton. Mayer, como matemático, prefirió proseguir sus investigaciones en matemáticas puras. Ya llevaba varios años con Einstein, y era una época en que Einstein se había vuelto menos productivo, en opinión de muchos, y, lo que era más grave, había emprendido aquel camino solitario, que por el momento no le estaba cosechando éxitos científicos. A partir de ahí, Einstein fue buscando diversos colaboradores.

Su pensamiento sobre la mecánica cuántica no cambió en sus últimos veinte años. Ni siquiera estaba de acuerdo con la aplicación realizada de su Teoría de la Relatividad a la teoría cuántica, y no aceptaba, por ejemplo, la teoría cuántica relativista de campos. Él estaba embarcado en algo más ambicioso: conseguir la «teoría del campo unificado», del que surgiría la mecánica cuántica nueva, libre de su carácter probabilístico con un reconocimiento de la realidad objetiva. Trataba de unificar los campos gravitatorios y los campos electromagnéticos de tal modo, que como consecuencia se desprendieran las nuevas reglas de la mecánica cuántica que permitirían describir la realidad objetiva sin ambigüedades probabilísticas, y explicar todos los éxitos de la vieja mecánica cuántica. Y todo ello en el marco de la Teoría de la Relatividad, que para Einstein era la sucesora de la teoría de Newton.

Una de las características de Einstein, tanto en su vida personal como científica, era la simplicidad. Creía que la naturaleza se regía por reglas simples que nosotros teníamos que descubrir. De ahí dos frases suyas que se han hecho famosas: «El Señor es sutil, pero no es malicioso», y aquella otra: «La naturaleza nos oculta sus secretos mediante la grandiosidad de su sabiduría pero sin maldad». Sin embargo, a medida que se acercaba a su fin, Einstein parecía tener alguna duda más de lo que era habitual en él sobre el camino elegido, y en alguna ocasión manifestó su desánimo respecto a lo difícil que parecía conseguir conciliar la mecánica cuántica con la relatividad. Ese desánimo se manifiesta en su afirmación: «es más importante la búsqueda de la verdad que su conquista».

Se ha hablado mucho del rechazo de Einstein a la física cuántica. Cuenta Frank su sorpresa al ver a Einstein rechazar parcialmente una postura positivista, porque siempre lo había considerado positivista y empirista. En 1932 lo visitó en Berlín y hablaron de la física que desarrollaba Bohr. Einstein le dijo: «"Es una nueva moda en física. Por medio de experimentos ingeniosamente formulados se prueba que determinadas magnitudes físicas no pueden ser medidas" [...]. Dije a Einstein: "pero esa moda de que habla, ¿no fue inventada por Vd. en 1905? [...]". Me contestó humorísticamente: "Una buena broma no debe repetirse demasiado". Luego más seriamente [...]»[7]. Se refería Einstein a las magnitudes «posición» y «cantidad de movimiento» de una partícula.

Aludía Frank a que en la Teoría de la Relatividad la «simultaneidad absoluta» carece de significado empírico a no ser que se indiquen las operaciones que se deben realizar para medir el tiempo. Más aún, parece que fue en la relatividad especial donde Bridgman se basó para su *principio general del operacionalismo*.

Debemos añadir, sin embargo, las siguientes palabras de Popper: «Es un hecho interesante el que el mismo Einstein fuese, durante años, un positivista y operacionalista dogmático. Más tarde rechazó esta interpretación: en 1950 me dijo que de todos los errores que había cometido, ninguno lamentaba tanto como éste»[8]. Popper habla del concepto de simultaneidad de Einstein en la relatividad especial. «La simultaneidad ha de ser definida —y definida de un modo operacional— [...] de lo contrario carecerá de significado. (Aquí está, en germen, el positivismo desarrollado más tarde por el Círculo de Viena [...]»[9]. Sin embargo, prosigue Popper el análisis de la Teoría de la Relatividad de Einstein y concluye que no hay necesidad de introducir el operacionalismo. También señala que fue ese operacionalismo lo que inspiró el artículo de Heisenberg de 1925 y el *principio de indeterminación* que niega la posibilidad de medir simultáneamente las dos magnitudes a las que se refería Einstein. Concluye Popper: «[...] Ha sido Heisenberg quien ha fundado la nueva mecánica cuántica sobre la base de un programa operacionalista, cuyo éxito ha convertido al positivismo y al operacionalismo a la mayoría de los físicos teóricos»[10].

[7] Frank, Philipp: *Einstein*, José Janés Ed., Barcelona, 1949, pp. 298-299.
[8] Popper, Karl R.: *Búsqueda sin término*, Alianza Editorial, Madrid, 2002, pp. 156-157.
[9] *Ibíd*., p. 157.
[10] *Ibíd*., pp. 158-159.

XIV. ESTADOS UNIDOS (Princeton)
(1933-1944)

Abraham Flexner mantuvo tres entrevistas con Einstein sobre su incorporación al Instituto de Estudios Avanzados (Institute for Advanced Study) de Princeton. En la tercera, celebrada en junio de 1932 en Caputh (casita residencial de Einstein cerca de Berlín), Einstein aceptó trasladarse a Princeton.

En el año 1934 muere Ilse, hija de Elsa e hijastra de Einstein. En ese mismo año, la otra hija de Elsa, Margot, y su marido se trasladan a Estados Unidos y se instalan con el matrimonio Einstein y con Helen Dukas en Princeton.

Princeton es un pequeño pueblo del estado de Nueva Jersey en el este de Estados Unidos cercano a Nueva York. El cambio que suponía dejar de vivir en Berlín para hacerlo en un pequeño pueblo era notable y, sin embargo, a Einstein no le costó esfuerzo alguno adaptarse a su nueva vida. Prescindió de los viajes que había estado realizando y ya, salvo una vez, y por poco tiempo, no salió de Estados Unidos. En vacaciones visitó Long Island y otras localidades. Se compró un pequeño velero y navegaba por el lago Carnegie para distraerse. Llegaba el progreso industrial, pero Einstein no lo apreciaba. No le gustaban las máquinas, ni los coches ni la televisión. No quiso comprar coche, ni siquiera aprender a conducir. Tampoco quiso televisión. En cambio, sí escuchaba la radio y también leía el periódico. Él, que tanto había viajado, ahora apenas se movía. Apreciaba la tranquilidad del pueblo para seguir pensando en el problema del campo unificado. Ya estaba aislado, incluso en el terreno profesional. Amaba la soledad.

Einstein seguía siendo tremendamente popular. Prueba de ello es la invitación del presidente de Estados Unidos, Roosevelt, a la Casa Blanca. Accedió Einstein a ir y durmió, junto con su esposa Elsa, en la habitación Franklin.

El año 1935 Einstein sale por última vez de Estados Unidos. El destino será Bermudas, y el motivo: el deseo de solicitar la ciudadanía estadounidense, lo cual sólo podía hacerse desde una embajada de Estados Unidos que estuviera fuera del país. En Estados Unidos se instalará en Mercer Street, nº 112, Princeton, y ya no se moverá.

Son años de tristeza para Einstein. No solamente acaba de morir su hijastra Ilse, sino que, apenas dos años más tarde, el 20 de diciembre de 1936, morirá su esposa Elsa. Y tres meses antes, el 7 de septiembre de 1936, había muerto su buen amigo Marcel Grossmann.

Demasiadas pérdidas. Ya solamente su hijastra Margot y su secretaria Helen Dukas le acompañan en el nº 112 de Mercer Street. Sigue estando muy unido con su hermana, Maja, y con su secretaria e hijastra, pero el dolor está presente. Un dolor que las tres mujeres le ayudaron a soportar hasta el final.

Ese mismo año, 1936, su hijo mayor, Hans Albert, con el que las relaciones no siempre habían sido buenas, se doctora en ciencias técnicas en la ETH de Zúrich, la misma en que él estudió.

También en 1936, a Einstein le devolvieron un artículo científico pidiéndole explicaciones y aclaraciones. El censor lo había rechazado, provisionalmente, a la espera de la respuesta de Einstein. Se trataba de la revista de investigación *Physical Review*. Einstein replicó, y no volvió a publicar en aquella revista salvo un pequeño artículo.

Maja, la hermana de Albert, con la que siempre había estado muy unido, se fue en 1939 a vivir con él a Princeton, donde pasaría el resto de sus días en compañía de su querido hermano. Desgraciadamente, una parálisis progresiva la obligará a guardar cama los últimos cinco años de su vida.

Ese mismo año, 1939, Einstein escribe, siguiendo el consejo de varios especialistas, la famosa carta al Presidente Roosevelt, explicándole las posibilidades de que los alemanes puedan conseguir la bomba atómica.

En 1940 Einstein recibirá la ciudadanía de Estados Unidos, juntamente con su hijastra Margot y su secretaria Helen Dukas. Pero Einstein sigue conservando la ciudadanía suiza, «el lugar más bello del mundo».

Como anécdota curiosa mencionaba el propio Einstein que al conocerse la noticia de su nacionalización recibió varias cartas con la petición o esperanza de que, una vez que era norteamericano, se cortaría el pelo.

En 1943, después de la entrada de los Estados Unidos en la Segunda Guerra Mundial, Einstein acepta el cargo de consejero de Munición y Explosivos de la Oficina Naval de Estados Unidos. Su sueldo será de 25 dólares diarios.

En 1944, año en que continúa la guerra, para ayudar a obtener fondos para la guerra, Einstein vuelve a escribir a mano el artículo sobre la relatividad, que se había publicado en 1905. El manuscrito original no

Albert Einstein y otros emigrantes, cuadro de B. Shahn.

lo había conservado, y en un momento del proceso en que su secretaria le dictaba el texto, Einstein exclamó: «¿Eso he dicho yo? [...] Podría haberlo hecho con muchas menos complicaciones»[1]. A continuación el documento se subastó en Kansas City y alcanzó la cantidad de seis millones de dólares. Hoy se conserva en la Biblioteca del Congreso.

En 1944, Einstein cumple 65 años y se jubila en el Instituto de Estudios Avanzados de Princeton, pero continuará trabajando y todas las mañanas se dirigirá al instituto como cuando estaba en activo. Continuará haciéndolo hasta los 71 años.

Todas las mañanas salía de su casa a las 9 para dirigirse andando al instituto, que estaba a casi una hora de distancia. Si hacía mal tiempo esperaba el autobús enfundada la cabeza en un gorro del que sobresalía su cabellera blanca. Allí solía encontrarse con el gran matemático Gödel con cuya compañía y conversación disfrutaba Einstein.

---

[1] Hoffmann, Banesh: *Einstein*, Salvat, Barcelona, 1984, p. 183.

XV. EL DECLIVE DE UN GENIO

Einstein dedicó los últimos treinta años de su vida a conseguir lo que se denominó «teoría del campo unificado». Dedicó a ello más atención, tiempo y esfuerzo en toda su vida que a ninguna otra cosa. Aún así no consiguió, en opinión de la mayoría, lo que se proponía. ¡Treinta años nada menos! Y treinta años de una de las mentes más creadoras que nunca hayan existido. ¿Qué pasó entonces? ¿Se equivocó Einstein? ¿Erró el camino? Lo que sí es seguro es que se mantuvo fiel a sí mismo hasta el final. Tenía muy claro el objetivo. Se llama teoría del campo unificado, porque pretende dar una explicación común, con una causa única a los dos campos físicos que le preocuparon toda su vida: el campo gravitatorio y el campo electromagnético.

Su tenacidad era proverbial. Después de trabajar mucho tiempo en una teoría y al llegar a un punto sin salida, era capaz de arrojar todo el trabajo por la borda y empezar de nuevo al día siguiente con renovada ilusión en una idea nueva. Cuando llegaban a un punto muerto en una discusión, cuenta Hoffmann, que trabajó con Einstein durante varios años, que éste «decía tranquilamente en su inglés pintoresco: *I will a little tink*»[1] en lugar de *I will think a little*, «pensaré un poco», porque según dice Hofmann, no sabía pronunciar la *th*. Describe la situación que se producía a continuación como de un gran silencio, en medio del cual Einstein paseaba concentrado durante un rato, hasta que encontraba la solución al problema.

Tenemos motivos para sospechar que Einstein notaba cómo decaían sus facultades. El ayudante que tuvo de 1944 a 1948, Ernst G. Straus, dice que en un momento de falta de tacto, le preguntó «cómo afectaba la edad a su pensamiento»[2], y que Einstein le contestó que cuando era joven tenía una intuición especial para seleccionar el camino adecuado de todos los que se le ofrecían al llegar a un punto clave en una investigación, y que

---

[1] Hoffmann, Banesh: *Einstein*, Salvat, Barcelona, 1984, p. 200.
[2] French, Anthony Philip.: *Einstein. A Centenary Volume*, Edited by A. P. French, Heinemann, London, 1979, p. 32.

ahora, aunque «tenía tantas nuevas ideas como siempre»[2], le resultaba muy difícil saber «cuáles eran las que había que desechar y cuáles las que había que perseguir»[2]. «Los grandes descubrimientos son para los jóvenes y para mí son ya cosa del pasado»[3].

La década de los 50 es especialmente triste para Einstein. Está perdiendo parte de su ilusión. Incluso deja de tocar el violín. El 6 de enero de 1951 se lo escribía a la Reina madre Isabel de Bélgica, con la que le unía una buena amistad desde que se refugiara allí en 1933. Sin embargo, también le decía que seguía con el trabajo científico: «[...] me acompañará hasta mi último suspiro»[4].

Por lo que respecta al trabajo científico, aunque en la carta precedente de 1951 declara seguir fascinado con él, podría pensarse que se siente algo deprimido con los resultados, a raíz de lo que escribió a su primo en junio de 1952: «Mi trabajo no significa ya gran cosa. Ya no obtengo demasiados resultados [...]»[4].

De todas formas, ya en 1949 tenía ciertas dudas sobre su trabajo. A la felicitación de Solovine por su 70 cumpleaños, le contestó que no se sentía seguro de ningún concepto de los que había introducido.

Bodanis[5] contrapone la edad creativa de los artistas a la de los científicos, en el sentido que los artistas suelen componer obras de arte en su madurez, mientras que en los científicos ocurre lo contrario. Suelen ser las épocas de la juventud las propicias para que los científicos elaboren sus teorías más creativas. En este sentido señala que la decadencia de Einstein fue más visible que la de otros. Cabe añadir que no es de extrañar, dada también la supremacía de Einstein sobre los demás.

Así fue el final creativo de un genio al que toda la humanidad debe algo. Sus descubrimientos tuvieron, y tienen, innumerables aplicaciones prácticas. Por citar algunas de las más obvias, la primera sería todo lo relativo a células fotoeléctricas con todos sus derivados; podríamos seguir con todo lo referente a los procesos de captación de imágenes mediante cámaras de televisión y la fibra óptica con la multitud de aplicaciones en los sistemas modernos de telecomunicaciones. También la maquinaria eléctrica moderna tiene una gran deuda con él, así como todos

[3] Bodanis, David: $E=mc^2$ La biografía de la ecuación más famosa del mundo. Ed. Planeta, Barcelona, 2002, p. 245 y Hoffmann, Banesh: Albert Einstein, Creator and Rebel, Viking, Nueva York, 1972, p. 222.

[4] Hoffmann, Banesh: Einstein, Salvat, Barcelona, 1984, p. 208.

[5] Bodanis, David: $E=mc^2$ La biografía de la ecuación más famosa del mundo. Ed. Planeta, Barcelona, 2002, p. 322.

los mecanismos que se basan en la física cuántica y estadística donde él realizó grandes aportaciones. Podríamos mencionar los modernos ordenadores y radio de transistores y se podría continuar con una lista mucho más detallada.

XVI.   LA BOMBA ATÓMICA

Se ha hablado en alguna ocasión de que puede considerarse a Einstein como el padre de la bomba atómica. Incluso se ha hablado de la responsabilidad de Einstein en la construcción de la misma, a raíz de las cartas que escribió al presidente de los Estados Unidos, Roosevelt. Puede resultar sorprendente esta cuestión por tratarse de alguien que se consideraba a sí mismo como un pacifista, causa que apoyó en repetidas ocasiones.

¿Qué fue exactamente lo que sucedió?

Un viejo amigo de Einstein, Leo Szilard, en compañía de Eugene Winger, físico húngaro que explicaba física teórica en la Universidad de Princeton, visitaron a Einstein para informarle de los experimentos y estudios que estaban realizando los alemanes para construir una posible bomba atómica. Curiosamente en la obtención de esa arma se utilizaría, al menos teóricamente, la famosa ecuación de Einstein, $E=mc^2$. Él había predicho muchos años antes que la utilización de esa fórmula no podría conducir a liberar mucha energía. Y así es, la energía que se podría liberar de un átomo sería pequeña, pero se habían producido muchos avances en física nuclear, y había avanzado la técnica y la ingeniería, hasta tal punto que se habían ideado unos mecanismos consistentes en reacciones en cadena, que hacían que de cada átomo afectado se liberaran dos o más neutrones, los cuales penetrarían en otros tantos núcleos liberando energía, y al mismo tiempo liberando también neutrones, que seguirían así en cadena, afectando en progresión geométrica a un gran número de núcleos, hasta conseguir liberar una cantidad enorme de energía. Era la bomba atómica.

Szilard y otros físicos que trabajaban en Estados Unidos convencieron a Einstein de las posibilidades reales de que los alemanes consiguieran el objetivo deseado. Había que llamar la atención del presidente de Estados Unidos sobre esa posibilidad real, y el único científico con suficiente nombre como para ser tomado en consideración sobre tal advertencia era Einstein. Le pidieron que escribiera al presidente Roosevelt, explicándole el peligro de tal amenaza. Se habla del grado de participación de Einstein en la redacción de la carta. Hay quien dice que solamente firmó la carta que le presentaron.

La carta en cuestión que escribió Einstein al presidente Roosevelt el 2 de agosto de 1939 puede verse fotocopiada en el libro, *Einstein. A Centenary Volume*[1]. Está escrita a máquina y en inglés. No es muy larga (dos hojas) y en ella le dice Einstein al presidente que unos trabajos recientes de E. Fermi y L. Szilard, que le han comunicado por manuscrito, le inclinan a pensar que es posible producir reacciones en cadena en una masa de uranio que conducirían a una generación enorme de energía. Entre otras cosas dice: «Este nuevo fenómeno conduciría a la construcción de bombas [...] extremadamente poderosas. [...] Tengo entendido que Alemania ha parado las ventas de uranio de las minas de Checoslovaquia que tiene ocupadas [...]»[1].

La llamada de alerta de Einstein está clara, pero, ¿qué ocurrió?

Esta carta fue respondida por el presidente Roosevelt el 19 de octubre de 1939 en que le agradece «su reciente carta y su interesante y valioso contenido [...]»[2].

Según dice Bodanis en su libro[3] «interesante e importante» en Norteamérica significa «aburrido e inoportuno», y la carta terminó en manos del director de la Oficina Federal de Pesas y Medidas.

Einstein mencionaba en la carta que los alemanes habían detenido la venta de uranio. ¿Cómo se estaba desarrollando la cuestión atómica en Alemania? ¿Tenía razón de ser la alarma de Einstein?

Este tema lo explica Bodanis con profundidad y detalle en el libro que acabamos de mencionar. Indica que los alemanes se habían interesado por el uranio y el motivo era exactamente el que temía Einstein. Tenían un proyecto atómico y habían comenzado los preparativos en 1939, mientras que los americanos no empezarían hasta 1943, a pesar de la carta de Einstein. Uno de los físicos alemanes más eminentes de la época, Werner Heisenberg, trabajaba en su proyebto de fusión del uranio, y, segun señala Bodanis, a finales de 1941 y principios de 1942 se realizaron pruebas que revelaban un relativo éxito en la liberación de energía por la fisión del uranio. .

Estas noticias llegaron a oídos de Einstein. Y de nuevo su amigo Szilard, acompañado de Alexander Sachs (importante economista), le

[1] *Einstein. A Centenary Volume*, Ed. A. P. Frenh, Heinemann, London, 1979, p. 191.

[2] Bodanis, David: *E=mc² La biografía de la ecuación más famosa del mundo*. Ed. Planeta, Barcelona, 2002, p. 136. Cita tomada de *Einstein on Peace*, ed. Otto Nathen y Heinz Nordem, Simon & Schuster, New York, 1960, p. 297.

[3] Bodanis, David: *E=mc² La biografía de la ecuación más famosa del mundo*. *Op. cit.*, p. 136.

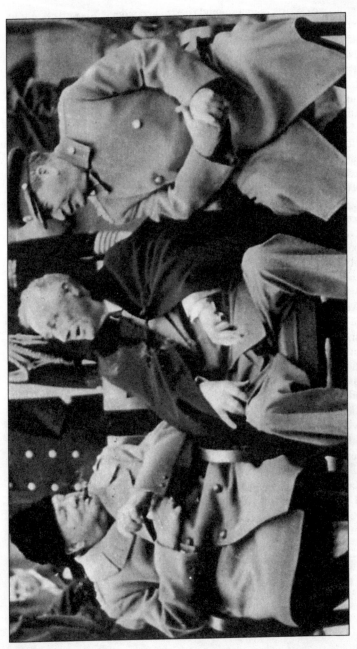

Churchill, Roosevelt y Stalin.

pidieron que escribiera una segunda carta al presidente Roosevelt. Así lo hizo Einstein el 7 de marzo de 1940, pero esta vez ni siquiera obtuvo contestación, aunque, según relata Hoffmann[4], fue invitado por el presidente a asistir a una reunión del Comité, pero Einstein rehusó el 25 de abril de 1940.

La opinión más generalizada es que no fueron las cartas de Einstein las que pusieron en marcha el proyecto Manhattan. Algunos[5] lo atribuyen al interés y esfuerzos de los británicos sobre todo.

En este sentido hay que señalar que Einstein era considerado por los servicios secretos norteamericanos algo sospechoso. Se le acusaba de socialista y sionista. No era visto como un ciudadano americano ejemplar por el FBI, e incluso se llegó a abrir un expediente con su nombre: Expediente Einstein era el título con el que figuraba en los archivos del FBI, como puede leerse en el libro recientemente publicado con ese título[6].

Las reticencias hacia Einstein fueron tales que no fue invitado a participar en el secreto proyecto Manhattan para la construcción de la bomba atómica. Se pondría al frente de la parte científica del proyecto al físico Robert Oppenheimer, que se había graduado brillantemente en Harvard y era profesor en Berkeley.

Aunque hoy pueda parecer sorprendente, en aquellos momentos no se sabía quién podría ganar la carrera hacia la bomba atómica. En primer lugar, Estados Unidos empezaba con un retraso de dos o tres años. En segundo lugar, el ejército alemán era el mejor del mundo, tanto en medios materiales como en personal, mientras que Estados Unidos acababa de salir de la Gran Depresión, y su armamento se reducía prácticamente al de la Primera Guerra Mundial. Al retraso militar de Estados Unidos había que añadir un retraso intelectual. A favor de Estados Unidos contaba, en contrapartida, los enormes recursos de un país rico muy grande, y el gran número de científicos europeos que habían sido acogidos en Estados Unidos. Matemáticos como el húngaro von Neumann o físicos como el también húngaro Edward Teller o Hans Bethe, que había sido alumno de Geiger en Berlín, formaban parte del proyecto Manhattan en el laboratorio de Los Álamos (Nuevo Méjico). Si a estos añadimos los científicos norteamericanos y británicos, resulta un equipo formado por los mejores científicos.

[4] Hoffmann, Banesh: *Einstein*, Salvat, Barcelona, 1984, p. 180.
[5] Bodanis, David: *E=mc² La biografía de la ecuación más famosa del mundo. Op. cit.*, p. 149 y Pais, Abraham: *El Señor es sutil... La ciencia y la vida de Albert Einstein*, Ariel, Barcelona, 1984, p. 455.
[6] Fred Jerome, *El expediente Einstein*, Planeta, Barcelona, 2002.

Aspecto del Palacio de la exposición agrícola de Hiroshima tras la bomba atómica, 1945.

En 1942 el equipo de científicos que dirigía Fermi en Chicago consiguió la primera reacción nuclear en cadena.

A finales de 1943 llega Niels Bohr a Los Álamos. Su famoso laboratorio de Copenhague había sido invadido por los alemanes. Por este laboratorio habían pasado muchos científicos de renombre, entre ellos Werner Heisenberg por parte alemana y Robert Oppenheimer por la parte americana.

Los aliados estudiaban las posibilidades de retrasar el proyecto alemán. No podían hacer nada en la cuestión del uranio, pues los alemanes tenían a su disposición las mayores reservas europeas, que se encontraban en Checoslovaquia, y ésta había sido ocupada. El uranio era el material fundamental para la construcción de una bomba, pues es el elemento que sufrirá la fisión liberando energía. Pero para producir la reacción en cadena se necesita un «moderador», que habitualmente es agua pesada, y Alemania no disponía ella. En el equipo alemán se llegó a sugerir construir una fábrica en Alemania, pero se prefirió usar el agua pesada existente en Noruega, que se hallaba ocupada por los alemanes.

Los aliados sabían que sin agua pesada no podrían proseguir los avances en la bomba alemana, de modo que decidieron mandar un comando a Noruega con el fin de interrumpir durante el mayor tiempo posible la producción de agua pesada.

El comando británico se preparó y partió de Inglaterra con destino a Vemork (Noruega) donde se hallaba la instalación. Sin embargo, la acción no tuvo éxito y el comando fue apresado. Se preparó un segundo comando, esta vez constituido por noruegos huidos a Gran Bretaña, y se repitió la acción. En esta ocasión sí alcanzaron su objetivo y los depósitos de agua pesada fueron dañados suficientemente para que el agua pesada escapara al exterior (esta acción dio lugar a la producción de una película[7]).

Este acto retrasó el avance alemán en la consecución de la bomba atómica, pero los desperfectos ocasionados en la fábrica de Vemork fueron reparados, y en 1944 la fábrica se hallaba otra vez a plena producción. Una gran cantidad de agua pesada iba a ser transportada a Alemania. Esta vez se descartó la acción de un comando sobre la fábrica de Vemork, que después de la acción anterior se encontraba muy bien vigilada, y se discutió la posibilidad de hundir el cargamento de agua pesada cuando se encontrara de camino en el ferry sobre el lago Tinnsjö. Así se hizo y los contenedores de agua pesada fueron a parar al fondo del lago.

---

[7] La película se tituló *Los héroes de Telemark* (1965) y estaba dirigida por Anthony Mann e interpretada por Kirk Douglas.

El retraso que produjeron estas acciones sobre la marcha del proyecto alemán de la bomba no se sabe, pues de las conversaciones que mantuvo Heisenberg en 1946 con otros científicos alemanes durante los seis meses que se les mantuvo retenidos en Inglaterra, no se deduce una respuesta clara[8].

Más aún Heisenberg manidestó por escrito a Jungk, autor de un libro sobre el desarrollo de la energía nuclear, que nunca deseó que Alemania consiguiese la bomba atómica, lo cual ha abierto un interrogante y un estudio histórico sobre lo que pretendió con su participación en el proyecto de fisión nuclear alemán.

Se ha hablado sobre el alcance real que había tenido el proyecto atómico alemán, y si habrían podido obtener la bomba atómica. Bodanis[9] opina que probablemente no habrían obtenido una bomba atómica completa, pero cita opiniones que creen posible haber llegado a conseguir material radiactivo suficiente para lanzarlo sobre Inglaterra con las V-1 o V-2.

En cambio, el proyecto Manhattan continuaba en Estados Unidos recuperando el tiempo perdido respecto del proyecto alemán, hasta concluir con un aparato de 3 metros de largo y apenas 75 cm de diámetro, que constituyó la primera bomba atómica, que fue cargada en el avión B-29 *Enola Gay*. Estuvo cayendo sobre Hiroshima durante 43 segundos, mientras obedecía fielmente a la ecuación de Einstein y la temperatura en su interior alcanzaba varios millones de grados.

Cuando Einstein oyó la noticia, se le formó un nudo en la garganta y sólo pudo pronunciar una exclamación en alemán.

¿Cuál fue su responsabilidad? En alguna ocasión se le ha nombrado como el padre de la bomba atómica. Él lo ha rechazado diciendo que como mucho sería el «abuelo de la bomba atómica»[10]. Había obtenido en 1905 la fórmula $E=mc^2$, pero pensaba, y así lo dijo, que la energía que se podía liberar con ella de los átomos era muy pequeña, como así ocurre. Lo que no podía prever era el avance de la física nuclear y la tecnología correspondiente para liberar esa energía de cien mil trillones de átomos de uranio como sucedió en la bomba atómica.

Toda la vida le perseguiría esta cuestión. El año de su muerte, 1955, escribió a un historiador[11] explicando que era imposible que él, en 1905,

[8] Bodanis, David: *E=mc² La biografía de la ecuación más famosa del mundo. Op. cit.*, pp. 339-340, recogido de Richard Rhodes, *The making of the Atomic Bomb*, Simon & Schuster, New York, 1986, *Hitler's Uranium Club: The Secret Recordings at Farm Hall*, ed. Jeremy Bernstein, American Institute of Physics, Woodbury, N. Y., 1996.

[9] Bodanis, David: *E=mc² La biografía de la ecuación más famosa del mundo. Op. cit.*, p. 306.

[10] Seelig, Carl: *Albert Einstein*, Espasa Calpe, Madrid, 1968, p. 267.

[11] Pueden consultarse más detalles sobre el tema o ver el texto de la carta en Bodanis, David: *E=mc² La biografía de la ecuación más famosa del mundo. Op. cit.*, p. 314.

Explosión de la bomba atómica en Nagasaki, 1945.

hubiera podido prever la bomba atómica, y que la fórmula no se podría haber escondido porque se deducía de la Teoría de la Relatividad

Curiosamente, en 1905 Einstein no escribió $E=mc^2$ como hoy es mundialmente conocida, sino $m=L/c^2$ con la idea inversa, también correcta, de que cuando un cuerpo pierde energía también pierde masa. La idea de que la materia puede convertirse en energía de acuerdo con la misma ley, la obtuvo posteriormente.

En 1952 había escrito a un periódico japonés que su responsabilidad en el asunto de la bomba atómica se limitaba a un único acto: «la firma de una carta dirigida al presidente Roosevelt»[11].

Además, se piensa que la construcción de la bomba atómica podría haberse llevado a cabo sin necesidad de la ecuación de Einstein. Los físicos nucleares existentes en la época podían haber obtenido la experiencia necesaria y los datos empíricos suficientes para hacerlo.

Sea como fuere, la influencia que pudo tener la carta en la decisión del presidente de Estados Unidos de crear un Comité que estudiara el tema, y, posteriormente, comenzase el proyecto Manhattan de construcción de la bomba atómica en los laboratorios de Los Álamos (Nuevo México) en Estados Unidos, parece muy dudosa. Es cierto que dada la posición de Einstein, su prestigio y su carisma, era el científico cuya opinión tendría más peso sobre la cuestión. Por eso recurrieron a él, pero su carta fue contestada con una evasiva por Roosevelt, y hasta tal punto pasaba el tiempo y no se hacía nada, que Einstein firmó una segunda carta, que no tuvo mucho más éxito que la primera.

Los detalles de la firma de la carta de Einstein pueden verse en dos libros escritos por los protagonistas de aquellos acontecimientos Leo Szilard y Eugene Wigner[12].

Mario Bunge tampoco atribuye a Einstein ninguna responsabilidad. Habla de que la idea no fue suya, sino que «otros torcieron su mano»[13] y que, a pesar de todo, Roosevelt tardó mucho en contestar, y que si se decidió al final por interesarse en el proyecto fue «posiblemente influido por los militares»[13].

En los últimos años, Einstein habló en repetidas ocasiones del tema, afirmando que si él hubiese sabido que los alemanes al final no conseguirían la bomba, no habría hecho nada[14].

---

[12] Szilard, Leo: *The collected works*, MIT Press, Cambridge, Mass., 1972, y *The Recollections of Eugene P. Wigner*, Plenun Press, New York, 1992.

[13] Mario Bunge en el prólogo de Hoffmann, Banesh: *Einstein, op, cit.*, pp. 12-13.

[14] Pueden verse referencias al tema en Pais, Abraham: *El Señor es sutil... La ciencia y la vida de Albert Einstein*, Ariel, Barcelona, 1984, p. 455, y en Vallentin, Antonina: *The Drama of Albert Einstein*, Doubleday, New York, 1954, p. 278, recogido también en Bodanis, David: *$E=mc^2$ La biografía de la ecuación más famosa del mundo. Op. cit.*, p. 278.

Algunos autores afirman que hoy se suele justificar la bomba atómica diciendo que evitó muchas víctimas norteamericanas[15].

Todos los autores que mencionan el tema parecen estar de acuerdo en exonerar a Einstein de cualquier tipo de responsabilidad en este tema. Para terminar citaremos a un famoso historiador de la ciencia: Gerald Holton. Dice que la carta de Einstein al presidente Roosevelt ha sido la acción peor entendida de Einstein. Afirma que Einstein tenía razón en sus temores de que los alemanes consiguieran la bomba, y que, de haberlo hecho, habría tenido «consecuencias incalculables para el curso de la civilización»[16].

A pesar de todo, como señala Stephen Hawking[17], ya antes de que se lanzara la bomba atómica, Einstein manifestaba públicamente su preocupación sobre el uso de las armas nucleares, y también la necesidad de que hubiera un control internacional sobre ellas. En repetidas ocasiones abogó por un gobierno mundial, como la única solución para evitar las guerras.

En su deseo de honrar el nombre de Einstein después de su muerte, la comunidad científica dio el nombre de *einstenio*, símbolo *Es*, al elemento 99 de la tabla periódica de los elementos, que se encontró entre los restos de la primera explosión de la bomba de hidrógeno, lo cual podría considerarse como paradójico.

---

[15] Bodanis, David: *E=mc² La biografía de la ecuación más famosa del mundo. Op. cit.*, p. 181.

[16] Holton, Gerald: :*Einstein, historia y otras pasiones,* Taurus, Madrid, 1998. p.184.

[17] Hawking, Stephen: *A Brief History of time.* Bantam Books, London, 1995. p.196.

XVII.   LOS ÚLTIMOS AÑOS
(1945-1955)

Según pasaban los años, Einstein se fue interesando cada vez más por temas diversos, pero sin abandonar nunca la búsqueda científica, que continuó hasta el día anterior a su muerte.

Después de 1920 comienza a escribir sobre diferentes temas públicos, educación, política, libertad, guerra, pacifismo, judaísmo, etc. También sobre filosofía (incluso sentía interés por algún filósofo oriental como Confucio).

En estos últimos años, Einstein tiene tal cantidad de actos programados sobre temas de todo tipo, que se ve obligado a reservar de forma metódica un tiempo diario para poder seguir con su investigación científica. A pesar de su odio por la rutina, ahora seguía una a diario: ir al instituto caminando (si las condiciones meteorológicas no lo impedían), pasar allí una cuantas horas y regresar caminando, si era posible.

Esta última década de Einstein está marcada por la desgracia. La primera hace referencia a su hermana con la que tan unido había estado durante toda su vida, y que vivía con él en Princeton. En mayo de 1946 le sobrevino una parálisis progresiva. Todas las tardes a las seis, Albert dejaba lo que estuviera haciendo y se dirigía a la habitación de su hermana. Allí le leía todas las noches. Incluso llegó a leerle *Diálogo sobre los dos mayores sistemas del mundo* de Galileo. Su muerte será un duro golpe para Einstein que escribirá a uno de sus primos sus lamentos: «[...] Ahora la echo de menos más de lo que nadie puede imaginar»[1].

En esta época Einstein no disfruta de buena salud. Le ha sido diagnosticado un aneurisma en la aorta del abdomen, que será la causa de su muerte. Pero dentro de la tristeza final recibe la satisfacción de que en

---

[1] Hoffmann, Banesh: *Einstein,* Salvat, Barcelona, 1984, p. 207.

1947, su hijo Hans Albert es destinado a la Universidad de California en Berkeley como profesor de Ingeniería. Estaba especializado en el área de Hidráulica, siendo un ingeniero muy respetado. Aunque California está muy lejos de Princeton (de extremo oeste a extremo este de Estados Unidos), su hijo puede visitarlo con más frecuencia. Acompañará a su padre en los últimos días en 1955.

El año siguiente, 1948, muere Mileva (su primera mujer) en Zúrich. Después de su divorcio en 1919 no habló Einstein de su primera mujer casi nunca, según afirman los que le conocieron. Y ella, por otra parte, tampoco hizo manifestaciones públicas que se conozcan sobre él. Parece que las relaciones no eran malas y que Mileva conservaba aquella carta de Einstein, después del divorcio, en que le decía que vería cómo, a su modo, le sería siempre fiel.

En 1950 hace testamento[2], lega la casa y sus libros a su secretaria Helen Dukas, que más que secretaria era su «ángel guardián»; los manuscritos y demás documentos de Einstein deben pasar a la Universidad Hebrea de Jerusalén; y a su nieto Bernhard Caesar, hijo de Hans Albert, le lega su violín, violín que había dejado ya de tocar en sus últimos años. Sus hijos, Hans Albert y Edouard, se encuentran también entre los beneficiarios. Nombra albacea a su amigo el economista Dr. Otto Nathan.

El año 1951 trae una nueva desgracia, muere su hermana Maja después de permanecer cinco años en cama. Otro golpe para el viejo genio que va viendo cómo desaparecen todos sus seres queridos.

El año siguiente, 1952, vuelve Einstein a los titulares de los periódicos. Se entera leyendo *The New York Times* que el Estado de Israel le ha propuesto la presidencia. Acaba de morir Weizmann, el primer presidente de Israel, con el que Einstein viajara en 1921 a Estados Unidos para recolectar fondos para la Universidad Hebrea de Jerusalén. La noticia se confirma y Einstein recibe un telegrama del embajador de Israel en Washington. Todo ello le perturba; ya tiene 73 años y un modo de vida rutinario y tranquilo. Einstein tiene muy claro que no puede aceptar el nombramiento y piensa en el modo más cortés de rechazar la propuesta. Finalmente aduce razones de orden práctico, de su falta de preparación para el cargo.

El último acto público de Einstein constituye la firma del manifiesto por la paz conjuntamente con Bertrand Russell en el año 1955.

Un año, 1955, en el que Einstein sospecha que ya no le queda mucho tiempo, y parece que se quiere despedir de sus amigos. Recuerda de

    [2] Pais, Abraham: *El Señor es sutil... La ciencia y la vida de Albert Einstein*, Ariel, Barcelona, 1984, pp. 475-476.

Albert Einstein.

nuevo a Grossmann, fallecido hacía casi 20 años. El compañero leal que le prestaba los apuntes en la Politécnica, que acudió en su ayuda cuando se encontraba perdido y sin trabajo, y que intercedió por él para el puesto de la Oficina de Patentes de Berna. El amigo con el que compartió trabajo e investigación y con el que publicó varios artículos, entre ellos, el primero sobre la relatividad general. Dice que ya es hora de hacerle un reconocimiento público.

Otro de los reconocimientos es para Blumfeld a quien agradece que le ayudara a reconocer su identidad judía.

Aunque parece que intuye su próxima muerte, no tiene tiempo de despedirse de otro viejo amigo: Michele Besso. Su compañero de la Oficina de Patentes de Berna y de caminatas a la salida del trabajo, oyente paciente e interesado en sus ideas sobre la relatividad. Se le ha adelantado un poco «al marcharse de este curioso mundo»[3] el 15 de marzo de 1955. A Einstein sólo le queda hasta el 18 de abril. Escribirá una carta a la esposa de Besso, Anne Winteler, hermana de Marie Winteler, el amor juvenil de Einstein en Aarau. En la carta muestra su admiración por algo que su amigo había conseguido y él no: vivir feliz con una mujer durante mucho tiempo. Añadirá que él había fallado «lamentablemente dos veces».[3]

A pesar de ese duro juicio de Einstein sobre sí mismo, sí consiguió ser un buen jefe de familia: acogió a todos y los mantuvo unidos.

Apenas un mes más tarde de estos sucesos, el 15 de abril de 1955, Einstein ingresa en el hospital de Princeton. Se ha roto el aneurisma que padecía. Se avisa a su hijo Hans Albert, quien se traslada inmediatamente desde California a Princeton. Pasa con su padre los dos últimos días de su vida, el 16 y 17 de abril. Comenta que su padre se ha alegrado mucho de haber podido hablar ese tiempo con él. Parece que no se prevé un final tan rápido, pero Einstein lo sabía. Incluso había preguntado si sería una muerte demasiado dolorosa. Al día siguiente de su ingreso en el hospital, el sábado 16 de abril experimenta una mejoría, hasta tal punto que telefonea a Helen Dukas. Quiere continuar trabajando en el hospital y le pide útiles de escritura y las hojas con sus últimos cálculos y las gafas. En el hospital pasará las últimas horas de su vida tratando de desenmarañar el misterio del Universo que se le resiste. Fiel a sí mismo hasta el final. Ha mantenido su coherencia personal y científica hasta el último momento. La noche del domingo 17 de abril descansa tranquilamente. Pasada la una de la madrugada, siendo, por tanto, ya el lunes 18 de abril,

---

[3] Parte de la carta de Einstein a V. Besso el 21 de marzo de 1955 está recogida en Pais, Abraham: *El Señor es sutil... La ciencia y la vida de Albert Einstein, op. cit.*, p. 306.

la enfermera notó algo y se acercó, le oyó murmurar algo en alemán, y esas serían las últimas palabras de uno de los mayores genios del siglo XX: Albert Einstein.

Tal y como había sido acordado, el cerebro de Einstein iba a ser estudiado. De modo que le realizaron la autopsia y extrajeron su cerebro. Hasta la fecha parece que no se ha obtenido ninguna conclusión de ese estudio. Quizá en el futuro.

Su cadáver fue incinerado y sus cenizas esparcidas en un lugar desconocido por expreso deseo de Einstein. También por deseo del genio su casa de Princeton no debía convertirse en museo, hecho que sí ha sucedido con alguna de sus casas en Europa.

XVIII.   LA LEYENDA VIVE
(1955-?)

Desde la muerte de Einstein (18 de abril de 1955) hasta nuestros días su figura continúa alimentando una leyenda, que no hace sino aumentar, y constituye actualmente un auténtico mito. Se han publicado, y se siguen publicando, multitud de libros y artículos sobre él. Sean generaciones pasadas o actuales, todas siguen estando interesadas en Einstein. Fred Jerome[1] dice que quizá sea el personaje más estudiado de la Historia.

Se han investigado todos los aspectos de su vida. Se ha interrogado a todo aquél que podía saber algo nuevo sobre él, se han mirado con atención sus escritos, sus cartas, se ha buscado algún documento que fuera inédito, se ha prestado atención a los lugares en que vivió, los sitios que visitó. Se ha buscado también algo oscuro u oculto en la vida de Einstein.

Todo ello ha conducido a que últimamente se publicaran algunos libros y artículos en que se prestaba, por ejemplo, especial atención a su primera mujer, Mileva Maric, y al trato que le dispensaba. Se ha hablado de que la relación en la pareja no era de igualdad, algo que Einstein antes de casarse criticaba en algunos matrimonios. No faltan acusaciones de machismo para con su primera mujer.

Hace unos años se especuló con la posibilidad de que en la elaboración de la Teoría de la Relatividad hubiera participado su primera mujer, Mileva Maric. Incluso el periódico *Liberation* tituló un artículo: «¡De nuevo se ha olvidado a la señora Einstein!».

Los argumentos para la defensa de esa postura eran básicamente dos: Primero: una carta de Einstein dirigida a la que entonces era su mujer, Mileva, en la que Einstein dice «*nuestro* trabajo sobre la relatividad». Segundo: el dinero obtenido por Einstein al concederle el premio Nobel de 1921 se lo entregó íntegramente a su ya ex-mujer.

---

[1] Jerome, Fred: *El expedienteEinstein*, Planeta, Barcelona, 2002, p. 11.

Como opinión estrictamente personal puedo sugerir que el primer argumento, que se da en favor de la participación de Mileva como consecuencia de las palabras de Einstein: *nuestro trabajo*, puede tener una explicación sencilla y nada extraña: ¿no es posible que Einstein reconociera a su mujer la dedicación que con él había tenido y que le había permitido investigar hasta llegar a la relatividad?

Sobre este hecho, la física Françoise Balibar, profesora de la Universidad Paris-VII, directora de la edición francesa de las *Ouvres choisies* de Einstein y autora de muchas publicaciones científicas, entre las que se hallan varias sobre Einstein, opina que se equivocaron los defensores de los derechos de la mujer al intentar vincular a Mileva con la génesis de la relatividad, pero que tal vez la situación real de la pareja fuera peor en el sentido de que Einstein se comportara de forma machista dejando a su mujer las labores domésticas y él se dedicara a la labor intelectual. En este sentido lo contrapone a otras ilustres parejas de científicos contemporáneos de Einstein, como Pierre Curie con Marie Curie y Paul Ehrenfest con Tatiana (Afanassjewa) Ehrenfest[2].

Por otra parte, recordemos que Einstein se encargó de repetir en diferentes ocasiones cuál fue el origen de la Teoría de la Relatividad. La paradoja con la que se enfrentó a los 16 años al preguntarse cómo vería un rayo de luz si lo persiguiera a la velocidad de la luz. Y a esa edad ni siquiera conocía a Mileva.

En el segundo hecho de la entrega del dinero del premio Nobel a su ex-mujer, alguno ha creído ver una prueba de la culpabilidad de Einstein que entrega el dinero a cambio del silencio.

Tampoco hay base para esta especulación. Que Einstein entregara el importe íntegro del premio Nobel a su mujer era parte del pacto secreto que había acordado con ella en el proceso de divorcio, y serviría para ayudarla económicamente, y sobre todo para el cuidado de los dos hijos que quedaban al cargo de ella. No hay que olvidar que económicamente Einstein no disponía de muchos medios y, además, Alemania se encontraba afectada económicamente por la Primera Guerra Mundial. A todo esto hay que añadir que Einstein estaba muy seguro de que le concederían el premio Nobel algún año, para el que fue propuesto en ocho ocasiones.

También se podría señalar la talla moral de Einstein, reconocida unánimemente, que hace suponer que no habría actuado de la forma en que se le ha acusado.

---

[2] Estas cuestiones son tratadas más detalladamente en Balibar, Françoise: *Einstein. El gozo de pensar*, Ed. B.S.A., Barcelona, 1999, pp. 118-119.

Señalemos también que después de la relatividad especial, Einstein siguió pensando en el tema tratando de buscar la relatividad general, que fue lo más apreciado por él. Su éxito en esta empresa no se puede, desde luego, atribuir a Mileva.

Los especialistas se muestran concluyentes sobre el tema. Bodanis[3] lo considera un mito y atribuye el rumor a la propaganda nacionalista serbia. No olvidemos que esa era la procedencia de Mileva (su padre era serbio y su madre de ascendencia montenegrina), y sitúa el origen en el libro que escribió en serbocroata Desanka Trbuhovic-Gjuric. Posteriormente fue recogido y tratado más ampliamente por Andrea Gabor en otro libro: *Einstein's wife,* que tuvo la fortuna de ser reseñado positivamente en el *New York Times.* Este hecho motivó que el libro se difundiera rápidamente. Afirma que el *New York Times* se equivocó y remite al libro de Stachel[3] para un estudio más profundo.

Igual de concluyente se manifiesta el ilustre historiador científico Gerald Holton[4]. Explica la situación depresiva que atravesaba Mileva en aquel año, 1901, y que hemos descrito en el capítulo *En busca de trabajo.* La utilización de la palabra «nuestro» es un intento de animar a Mileva. No hay evidencia de ningún tipo sobre la valía científica e investigadora de Mileva. También señala que la noticia del *New York Times* es sensacionalista. Historiadores acreditados de la física, como John Stachel, Jürgen Renn, Robert Schulmann y Abraham Pais han demostrado que la pareja apenas trabajó conjuntamente en investigación. Existe también un hecho importante: Einstein jamás reconoció públicamente influencia de su mujer en el trabajo, mientras que sí agradeció a otras personas su ayuda, como a su amigo Besso. Por las cartas que se conservan, parece que ella tampoco menciona ninguna queja al respecto. Sobre el libro de Desanka Trbuhovic-Gjuric, que originó la polémica, afirma Holton que contienen «muchas afirmaciones indemostrables o absolutamente contrarias a los hechos»[5].

Por otra parte, es muy posible que Einstein comentara con su mujer Mileva la Teoría de la Relatividad que estaba madurando, sobre todo al

---

[3] Puede abundarse más en el tema consultando Bodanis, David: *E=mc² La biografía de la ecuación más famosa del mundo.* Ed. Planeta, Barcelona, 2002, pp. 106-107 y 292.
El libro de Stachel mencionado es: Stachel, John, *Albert Einstein and Mileva Maric: A Collaboration that Failed to Develop,* en Creatives Couples in Science, Rutgers University Press, New Brinswick, N.J., 1995), y para para entender su relación remite a *Albert Einstein, Mileva Maric: The Love Letters,* Princeton University Press, Princeton, 1992.
[4] Holton le dedica bastante extensión a este problema en su libro: Holton, Gerald: *Einstein, historia y otras pasiones,* Taurus, Madrid, 1998, pp. 236-250 y 290.
[5] *Ibíd.,* p. 290.

principio, cosa que hacía con todo el que quería escucharle. Von Laue recomendaba a un amigo que iba a visitar a Einstein que tuviera cuidado cuando empezara a hablar Einstein, porque podría continuar hasta que se muriera. Le gustaba reflexionar de esa manera. Comentaba con sus amigos sus ideas y esperaba sugerencias de ellos, pero parece improbable que ella pudiera ayudarle según Einstein iba avanzando en sus ideas, sobre todo teniendo en cuenta que atravesaban una época de penuria económica, y ella tenía muchas necesidades que atender incluido el cuidado del niño pequeño y al propio Einstein con sus amigos, que a veces se quedaban hasta tarde discutiendo de cuestiones científicas en su casa. Incluso se ha sugerido[6], que debido a ello Mileva ya no participaba en las veladas científicas de Einstein con sus amigos, y que comenzó cierta tirantez entre ellos, hasta tal punto que Einstein acabó por suprimir aquellas reuniones en su casa y adquirió la costumbre de discutir sus ideas científicas con su amigo Besso a la salida de la Oficina de Patentes de Berna, pero daban un largo rodeo antes de llegar a casa y ya Einstein no invitaba a Besso a entrar a su casa para proseguir la reunión científica.

Einstein continuaría con la misma línea de pensamiento hasta elaborar la relatividad general en 1916. Para esa época las relaciones entre Einstein y Mileva no debían de estar muy bien, pues ya en 1914 se habían separado, aunque el divorcio no les llegaría hasta 1919, parece que por el deseo de Einstein de casarse con su prima Elsa. Y también del proceso de creación de la relatividad general ha dejado Einstein pruebas de la evolución de su pensamiento. Y así como en la relatividad especial o restringida suele admitirse que Einstein pudo ayudarse de algunos resultados conocidos, en cambio, la relatividad general se reconoce que es la obra gigantesca de un solo hombre.

El interés actual de la figura de Einstein ha quedado más que demostrado con su elección como personaje del siglo por la revista *Time* en diciembre de 1999. Su mito alcanza no sólo a la ciencia, sino a todo tipo de actividades. No fue solamente el genio distraído absorto en su mundo ideal, lo cual le permite además evadirse del mundo real, algo que hacía sobre todo en su época de penuria, sino que también debía enfrentarse a problemas de toda índole, sobre todo en sus comienzos profesionales. Amigos suyos han relatado haberlo encontrado en su pequeño apartamento de la calle Kramgasse 49 en Berna, hoy convertida en un museo dedicado a Einstein, con una mano meciendo la cuna de su hijo y un libro en la otra, absorto en su lectura. También mencionan haberlo encontrado paseando al niño, detenerse porque el libro que llevaba debía de ser inte-

---

[6] Strathern, Paul: *Einstein y la relatividad,* Siglo XXI de España Editores, Madrid, 1999, p. 31.

resante, inclinarse sobre el niño para que se callara mientras quedaba absorto en la lectura, y en tanto el niño se divertía golpeándolo en la cabeza una y otra vez con el sonajero.

Sí tenía un gran poder de concentración y era capaz de abstraerse en condiciones muy difíciles, pero no estaba distraído del mundo que lo rodeaba. Al contrario, estaba muy interesado en todos los temas que afectaban a sus semejantes. La prueba está en todos los actos en que participó y todos los artículos y libros que escribió que no fueron científicos. Se han contabilizado[7] 307 artículos y ensayos sobre temas no científicos entre 1920 y 1955.

La preocupación de Einstein no era sólo la ciencia, aunque sí su ocupación más importante y a la que dedicó más tiempo, esfuerzo y parte de su salud. Prestó mucha atención a la política. Juntamente con las ecuaciones, como él decía, la política era el otro tema de su interés. Utilizó además la magia de su nombre para actividades tan diversas como la lucha por el pacifismo, la recaudación de fondos para la Universidad Hebrea de Jerusalén, el sionismo, la defensa de los derechos civiles, la instauración de un gobierno mundial, etc.

Su leyenda continúa viva como símbolo, no sólo del sabio científico por antonomasia, sino también como símbolo de honradez, de pacifismo, de libertad, de antimilitarismo, de inconformismo y de defensor del individuo y su libertad de pensamiento. Sobrevive, pues, la leyenda de un hombre que amó la ciencia, pero que también amó la paz y la justicia.

---

[7] Jerome, Fred: *El expediente Einstein, op. cit.,* p. 407.

APÉNDICE I
LA RELATIVIDAD ESPECIAL
(1905)

La luz se propaga con una velocidad enorme, 300.000 km/s en el vacío. Pero cuando se dice que la luz se propaga a esa velocidad, habría que decir respecto de qué cosa se propaga con velocidad tan grande, porque sabemos que un cuerpo, un tren, por ejemplo, se puede mover a 100 km/h respecto a un observador que se encuentre en el andén, pero no se moverá a 100 km/h respecto a un observador que se mueva en un automóvil a 60 km/h paralelamente a la vía y en el mismo sentido del tren. Este observador, el automovilista, verá moverse el tren a 40 km/h, la diferencia de ambas velocidades, 100-60 = 40. Estos 40 km/h se denominan «velocidad relativa» del tren respecto del automóvil. Más aún, si el coche se mueve a 100 km/h, que es la velocidad del tren, vería que éste se mueve con velocidad nula respecto de él. En otras palabras, el movimiento es relativo, y la *relatividad* (ya aparece la palabra que da nombre al capítulo) del movimiento no la descubrió Einstein. Es mucho más antigua. Ni siquiera la expresión *principio de relatividad* fue acuñada por Einstein. Se debe a Galileo (1564-1642). Ya sabía Einstein que existía el «principio de relatividad de Galileo», pero él introdujo otro «principio de relatividad».

Aquí encontraba Einstein la paradoja. Según la ley de Galileo, si Einstein perseguía un rayo de luz con la velocidad de la luz, vería el rayo de luz en reposo respecto de él, y no podría observar fenómenos característicos de la luz, como la reflexión, por ejemplo, ya que el rayo de luz no se separaría del observador. Y eso es lo que no acababa de creer. Prosigue Einstein que para él era «intuitivamente claro» que para este observador persiguiendo el rayo de luz a su misma velocidad, «todo tendría que suceder de acuerdo a las mismas leyes que para un observador que estuviera en reposo respecto a la tierra. Porque ¿cómo podría saber

143

el primer observador, o cómo podría determinar, que él se encontraba en un estado de rápido movimiento uniforme?»[1].

¿Qué significa esto que dice Einstein? Pues está tratando de extender el «principio de relatividad de Galileo» al electromagnetismo. ¿Por qué las leyes del electromagnetismo van a comportarse de forma distinta respecto de los sistemas de referencia que las leyes de la mecánica?

Concluirá, pues, que ningún observador podrá alcanzar la velocidad de la luz, porque entonces las leyes de la óptica o del electromagnetismo serían distintas para un observador en movimiento que para un observador situado en tierra.

«La velocidad de la luz (en el vacío)» es un límite que jamás se puede alcanzar, dice Einstein. Ningún objeto podrá moverse a la velocidad de la luz. Este es uno de los resultados importantes de la Teoría de la Relatividad. Algo a lo que Lorentz, premio Nobel de Física de 1902, siempre puso reparos para aceptarlo.

Digamos unas cuantas palabras sobre el principio de relatividad de Galileo.

A nadie sorprende que a bordo de un trasatlántico que se mueva a gran velocidad, mientras la mantenga constante (es decir, navegue sin balanceos, sacudidas ni cambios de rumbo) se pueda jugar una partida de billar como si estuvieran en tierra firme. Lo mismo podríamos decir de un partido de tenis o cualquier otro deporte. Si lanzamos una pelota de tenis con la mano verticalmente hacia arriba, volverá a caer en nuestra mano, exactamente igual que si estuviéramos en tierra firme. Cualquier deporte puede ser practicado exactamente igual que en tierra firme. Se debe a que las leyes que rigen todos los deportes, que son las leyes de la mecánica se cumplen también en esos barcos y también, lógicamente, en trenes, aviones, automóviles, etc., mientras mantuviéramos la condición esencial, *velocidad uniforme*. Ya tenemos un posible enunciado del principio de relatividad de Galileo: «las leyes de la mecánica se cumplen aunque el sistema se halle animado de un movimiento uniforme». Estos sistemas se llaman inerciales.

Más aún, podríamos plantear el siguiente juego o experimento: si estuviéramos encerrados en un camarote sin ventanas de un gran trasatlántico, que no sabemos si está en reposo o si se mueve con velocidad constante, ¿cómo podríamos averiguar si está en reposo o se mueve uniformemente, si no podemos salir del camarote? ¿Qué experimento podríamos hacer para saberlo? ¿Jugar al billar?, ¿al tenis? ¿tiro al blanco? ¿o quizá depo-

[1] Einstein, Albert: *Autobiographical Notes* (1ª ed. 1949), ed. Paul Arthur Shilpp. Open Court Publishing Company, La Salle and Chicago, Illinois, 1979, p. 51. Existe traducción española: *Notas autobiográficas*, Alianza Editorial, Madrid, 1984.

sitaríamos una bola encima de una mesa para ver si se cae? Hagamos lo que hagamos, no conseguiremos una respuesta, porque las leyes de la mecánica son las mismas, esté el barco en reposo o con movimiento uniforme. Así pues, el principio de relatividad de Galileo asegura que: «es imposible, por experimentos de mecánica, decidir si un sistema de referencia se halla en reposo o en movimiento uniforme».

Este principio de relatividad de Galileo es el que está invocando Einstein con esa frase final: «¿cómo podría saber el primer observador, o cómo podría determinar, que él se encontraba en un estado de rápido movimiento uniforme». No lo podría saber por ningún experimento mecánico. Ahora bien, ¿no se podría revelar tal movimiento por algún otro tipo de experimento o fenómeno, por ejemplo, electromagnético u óptico? Y aquí es cuando Einstein dice que intuyó claramente desde el principio que no había tal posibilidad. Por eso escribió anteriormente: «todo tendría que suceder de acuerdo a las mismas leyes que para un observador que estuviera en reposo respecto a la tierra». Se está refiriendo a los dos observadores, el que está en reposo y el que se halla en movimiento. Las mismas leyes regirán para uno y para otro. La diferencia con el principio de relatividad de Galileo estriba en que Einstein no impone la restricción de que solamente sean leyes de la mecánica las que sean las mismas, sino que incluye también las del electromagnetismo y las de la óptica.

Evidentemente no puede demostrarlo, por eso va a constituir un postulado. Uno de los dos de la Teoría de la Relatividad especial o restringida. Postulado que el propio Einstein llamará «principio de la relatividad». Lo enuncia en el segundo párrafo de su artículo de 1905[2]:

«Las mismas leyes de la electrodinámica y de la óptica serán válidas para todos los sistemas de referencia para los que sean válidas las leyes de la mecánica».

(Primer postulado o principio de relatividad)

El segundo postulado que introduce Einstein en el artículo mencionado más arriba y una línea debajo del anterior dice lo siguiente:

«La luz se propaga siempre en el vacío con la velocidad c independientemente del estado de movimiento del cuerpo emisor».

(Segundo postulado)

Al ser la invariancia de la velocidad de la luz una ley (así lo postula Einstein) el primer postulado exige de esta ley que sea válida en todos los sistemas inerciales. En otras palabras, la velocidad de la luz ha de ser

---

[2] Einstein, Albert: *Zur Elektrodynamik bewegter Körper*, Annalen der Physik, 17, 1905, traducido al inglés en Einstein, *The Principle of Relativity*, Dover, New York, 1952.

la misma en cualquier sistema inercial. Así que, si en un sistema inercial la velocidad de la luz en el vacío tiene aquel valor del que habíamos hablado, 300.000 km/s, en cualquier otro sistema que se mueva respecto de éste con velocidad uniforme, la velocidad de la luz seguirá siendo de 300.000 km/s. De modo que, según estos postulados, si un observador se mueve en un tren persiguiendo un rayo de luz a una velocidad disparatada, digamos de 100.000 km/s, lo verá moverse también a esa velocidad de 300.000 km/s.

Aquí nace la primera dificultad de la Teoría de la Relatividad de Einstein. ¿Cómo explicarlo? Y esto es lo que posiblemente tuvo a Einstein cavilando mucho tiempo, hasta que como dice él, se dio cuenta de que «un análisis del concepto del tiempo era la solución». Supone que el tiempo para un observador en reposo va a transcurrir de forma distinta que para un observador en movimiento. Utilizan distintas unidades de tiempo, aunque se llamen de la misma manera, segundos. Los segundos de uno son diferentes de los segundos del otro, unos son más largos que otros porque sus relojes habrían alterado su marcha, con lo cual podrá explicar que la velocidad de la luz siga siendo 300.000 km/s, también para el viajero del tren.

Einstein tenía claro el objetivo que quería lograr: extender el principio de relatividad de Galileo a los fenómenos ópticos. Si un observador está encerrado en una habitación cerrada sin ventanas, el principio de relatividad de Galileo afirma que no puede saber si está «en reposo» o en movimiento uniforme por muchos experimentos mecánicos que realice. Einstein estaba convencido de que tampoco podría saberlo mediante experimentos ópticos, por eso, el hecho de que la velocidad de la luz fuera distinta para un observador en movimiento que para el que estaba «en reposo» le proporcionaría un medio para averiguarlo. Por ello Einstein se veía obligado a imponer sus postulados. El problema era que no veía la forma de resolver lo que llamó la «aparente contradicción» entre sus dos postulados.

La búsqueda del reposo absoluto

Gracias a un físico norteamericano, Michelson, galardonado con el premio Nobel de Física en 1907, Einstein obtuvo el respaldo experimental que necesitaba su teoría. El experimento de Michelson y Morley se convirtió durante mucho tiempo en uno sus principales apoyos experimentales.

¿En qué consistió dicho experimento?

Aceptada la naturaleza ondulatoria de la luz, añadamos algo sobre las ondas.

146

Comencemos por un ejemplo más sencillo: el sonido. Las ondas sonoras, se propagan en el aire o en otro medio material. Si no hay tal medio, no se propagan. Por ejemplo, si un despertador lo cubrimos con una campana en que previamente se ha hecho el vacío, no percibiremos el sonido, porque las ondas sonoras necesitan un medio material para propagarse, y si lo hemos eliminado al hacer el vacío, que es sacar el aire de la campana, el sonido no se podrá propagar y, en consecuencia, no se oirá el despertador. Pero las ondas luminosas, a diferencia de las sonoras, se propagan también en el vacío. Si junto al despertador anterior tenemos una linterna encendida y repetimos la experiencia precedente, es decir, lo cubrimos con una campana de cristal en la que hacemos el vacío, es decir, sacamos el aire, observaremos que, aunque ya no oigamos el sonido del despertador, en cambio, seguiremos viendo la luz de la linterna igual que antes, cuando había aire. La conclusión es clara, la luz se propaga también en el vacío. ¿Cuál es el soporte de la luz? o, en otras palabras, ¿dónde se propaga la luz? Esta pregunta se respondió diciendo: en el «éter», sistema en reposo absoluto, en el que estarán todos los cuerpos, y todos los cuerpos se moverán en él y respecto de él, excepto el que se encuentre en reposo absoluto. La Tierra sabemos que se mueve, y muy deprisa (30 km/s o lo que es lo mismo, 108.000 km/h), en torno del Sol. El Sol también se mueve y las estrellas, y no conocemos ningún cuerpo en reposo absoluto, salvo el que por definición no se moverá, que será el «éter».

Una cuestión que surgió en la mente de los científicos del final del siglo XIX fue la de averiguar la velocidad de la Tierra respecto del éter. Así descubriríamos dónde estaba ese espacio absoluto, el reposo absoluto. Para ello se iba a utilizar el hecho de que la luz se propagaba en el «éter». Y mediante un ingenioso aparato inventado por Michelson, que se denominó interferómetro de Michelson, de una precisión sin precedentes, se pretendía medir la velocidad de la Tierra respecto de ese éter inmóvil en el que se propagaba la luz. El interferómetro de Michelson medía la diferencia de tiempos de dos rayos luminosos lanzados en direcciones perpendiculares (a lo largo de los brazos del interferómetro), uno en la dirección del movimiento de la Tierra y otro perpendicular.

Este experimento, denominado «crucial», lo realizó Michelson en 1881. Todo el mundo científico estaba ansioso por conocer cuál era esa velocidad definitiva de la Tierra.

Como puede verse por las fechas, el experimento de Michelson (1881) se realizó antes de que naciera la Teoría de la Relatividad (1905), por lo cual todos lo cálculos se basaban en la física clásica.

El resultado, contra todo pronóstico, fue nulo. Es decir, la Tierra parecía no moverse respecto del éter. El resultado del experimento fue sorprendente y deprimente para Michelson que resignadamente lo aceptó. Pero también lo fue para la comunidad científica. Se hicieron esfuerzos enormes por explicarlo dentro del marco de la física clásica, sobre todo por el gran físico holandés Lorentz. Todos deseaban que se repitiera el experimento y, además, en condiciones extremas de precisión. Hasta tal punto llegó el interés colectivo, que Lord Rayleigh escribió a Michelson pidiéndole que lo repitiera, y que lo hiciera cuanto antes. Convencido Michelson, buscó la colaboración del químico Morley, perfeccionaron el interferómetro y lo dotaron de mayor precisión.

Para consternación de todos los científicos el resultado del nuevo experimento celebrado en 1887 fue también negativo.

Michelson dirá: «El resultado de la hipótesis de un éter estacionario es incorrecto» pero no puede añadir nada más, no puede explicar por qué su experimento da un resultado negativo.

La ciencia se encontraba en un callejón sin salida. Hasta que llegó 1905 y Einstein; pero para ello faltaban 18 años. Mientras tanto podemos imaginar la desolación de ambos, Michelson y Morley. Ambos volvieron a repetir el experimento. Morley 15 años más tarde, y Michelson, que buscaba consuelo en haber construido un interferómetro de gran precisión, lo repitió en 1929, dos años antes de su muerte, y siempre con el mismo resultado. Parece que no le convencía la Teoría de la Relatividad, que fue la gran favorecida con el experimento, hasta tal punto que hay autores que vinculan la Teoría de la Relatividad a este experimento. Y es frecuente en las exposiciones iniciales de la relatividad partir de él.

De todas formas el experimento se siguió repitiendo. En 1930 ya se había realizado trece veces, y se habían cambiado las condiciones, y siempre el resultado era el mismo. Hoy nadie duda que el experimento fue realizado correctamente.

¿Por qué la Teoría de la Relatividad predice que este experimento debe dar resultado nulo y no el que predecían sus creadores?

La respuesta es sencilla. Según la Teoría de la Relatividad la velocidad de la luz es independiente del estado de movimiento del observador. En consecuencia, los rayos de luz que se mueven a lo largo de los dos brazos del interferómetro tendrán la misma velocidad, en contra de lo afirmado por la física clásica, y la Teoría de la Relatividad concluye que tampoco habrá diferencias de tiempos, en contra de lo que se esperaba.

Einstein fue siempre muy respetuoso con Michelson, a quien apreciaba mucho, aunque solamente se encontraron una vez. Einstein realizó un viaje a Pasadena (California) en 1931 y fue invitado a una cena celebrada en el Nuevo Ateneo el 15 de enero, con presencia de físicos y astrónomos de primera fila como Michelson, Millikan, Hubble o Tolman. Cuando llegó el momento de los discursos todos aguardaban expectantes las palabras de Michelson y de Einstein. Era la primera y también sería la última vez que se verían los dos. En Michelson eran apreciables los síntomas de la enfermedad que lo llevaría a la muerte pocos meses después de aquella ocasión. Entre otras cosas, Michelson agradeció a Einstein «el honor y la distinción»[3] por haber concedido tanta importancia a su experimento.

El interés se trasladó a la figura de Einstein que contestó con un discurso que conmovió a Michelson: «[...] Sin su trabajo, esta teoría [la de la Relatividad] sería hoy poco más que una interesante especulación [...]». Michelson estaba profundamente conmovido. No podía haber alabanza mayor para ningún hombre[4].

Einstein llegó a decir en este sentido refiriéndose a Michelson: «Me dijo más de una vez que no le gustaban las teorías a que había dado lugar su trabajo, y [...] sentía un poco que su propio trabajo hubiera generado este monstruo»[5].

No fue solamente Michelson el que no simpatizaba con la relatividad. Hubo muchos otros físicos que trataron de buscar explicaciones al experimento de Michelson diferente de la teoría de Einstein. La opinión de Michelson sobre la relatividad era compartida por diferentes físicos, y de gran prestigio como Philipp Lenard (Premio Nobel de Física, 1905), que fue un furibundo antirrelativista, y discutió públicamente con Einstein sobre su Teoría de la Relatividad el 23 de septiembre de 1920 en la conferencia de Bad Nauheim.

De todas formas, Einstein daba muestras de un gran sentido del humor y los denominaba «compañía antirrelatividad». El propio Lorentz no compartía totalmente esta teoría. Las ecuaciones básicas de la relatividad restringida se llaman ecuaciones de Lorentz-Einstein. El mismo Einstein las llama ecuaciones de Lorentz, porque Lorentz las obtuvo en 1904, un año antes que Einstein. Einstein lo desconocía, y su procedimiento de deducción es completamente distinto del de Lorentz. También es cierto que se diferencian de las ecuaciones de Lorentz en un factor. Pues a pesar de ello y de que Lorentz aceptaba, aunque con alguna reserva, la Teoría de la Relatividad, nunca prescindió completamente del «éter», lo que sí hace la Teoría de la Relatividad; y tampoco estaba convencido de que la

---

[3] Holton, Gerald: *Ensayos sobre el pensamiento científico en la época de Einstein*, Alianza Editorial, Madrid, 1982, p. 280.

[4] Esta cita corresponde a una biografía de Michelson escrita por Jaffe y es reproducida por Holton, Gerald: *Ensayos sobre el pensamiento científico en la época de Einstein, op. cit.*, p. 281.

[5] Shankland, R. B.: *Conversations with Albert Eintein*, American Journal of Physics, 31, p.56-57, 1963, citado por Holton, Gerald: *Ensayos sobre el pensamiento científico en la época de Einstein, op. cit.*, p. 279.

velocidad de la luz fuera un límite que no se pudiera superar, como exige la Teoría de la Relatividad.

Ahora bien, la opinión general en el mundo científico fue de gran aceptación de la teoría, comenzando por el gran valedor de Einstein, incluso cuando era un perfecto desconocido en la Oficina de Patentes de Suiza, Max Planck. Y junto a Planck, innumerables científicos, como el astrónomo oficial británico Eddington, que organizó las expediciones del eclipse de 1919 para comprobar la Teoría general de la Relatividad de Einstein, o el francés Langevin o el alemán Max von Laue, premio Nobel de Física de 1914.

Parece tan obvia la explicación con la Teoría de la Relatividad, y, además, que esta teoría hubiera visto la luz unos años después de realizarse el experimento, que surgió la pregunta inevitable, ¿conocía Einstein el experimento de Michelson cuando elaboró su Teoría de la Relatividad, y en qué medida influyó en su desarrollo?

Se ha especulado sobre si Einstein conocía o no el resultado del experimento de Michelson celebrado al final del siglo anterior (1881). En el artículo de 1905 en el que establece la Teoría de la Relatividad especial no lo menciona explícitamente. Varias veces se le preguntó si conocía dicho experimento y sus respuestas en ocasiones fueron contradictorias. Las primeras veces negó conocer el resultado y afirmó que tal experimento no había tenido influencia alguna en su Teoría de la Relatividad. En cambio, en los últimos años de su vida, reconoció en alguna ocasión que sí lo conocía, pero que no tuvo ninguna influencia sobre la relatividad.

De todas formas la curiosidad pública sobre el tema no cesaba y en 1954, un año antes de su muerte, Einstein escribe una carta al historiador E. C. Davenport en la que habla por última vez sobre el experimento de Michelson: «Ni siquiera recuerdo si lo conocía cuando escribí mi primer trabajo sobre el tema (1905). [...]. El experimento de Michelson no tuvo papel o, por lo menos, no tuvo un papel decisivo [...]»[6].

A pesar de las declaraciones contradictorias que hizo el propio Einstein por un fallo de memoria, actualmente se piensa que pudo conocer el experimento de Michelson, pero también se suele aceptar que muy bien pudo obtener su teoría sin utilizarlo[7].

---

[6] Citada en Pais, Abraham, *El Señor es sutil...La ciencia y la vida de Albert Einstein*, Ariel, Barcelona 1984, pp.178-179.

[7] En el libro de Sánchez Ron, José Manuel: *El origen y desarrollo de la Relatividad*, Alianza Editorial, Madrid, 2ª ed., 1985, p. 62 se trata el tema, y se remite al libro de Stachel, J.: *Einstein and Michelson. The context of discovery and the context of justification*, Astron. Nachr. 1982, 303, pp. 47-53.

Aunque la Teoría de la Relatividad tuvo una aceptación generalizada, existieron excepciones. Ya hemos citado a Lorentz, que nunca prescindió por completo del éter, pero ahora vamos a mencionar a Paul Dirac, uno de los fundadores de la mecánica cuántica y premio Nobel en 1933, que en 1954, un año antes de la muerte de Einstein, decía: «De este modo renacen los viejos conceptos del éter y del tiempo absoluto, [...] la teoría sin el éter ha llegado al límite de sus posibilidades, y veo en el éter una esperanza para el futuro».

Ahora tengamos en cuenta una de las ideas básicas de la relatividad: el movimiento hay que definirlo siempre respecto de un sistema. De ahí el concepto de velocidad relativa, velocidad de un cuerpo respecto de otro, y que no tiene sentido el concepto de velocidad absoluta, porque la Teoría de la Relatividad prescinde del éter o sistema en reposo absoluto. Así pues todos los movimientos son relativos. Es como si Einstein volviera a suscitar la vieja polémica sobre si ¿se mueve el Sol o la Tierra? Las diferencias entre las descripciones de Ptolomeo y Copérnico o entre Galileo y sus jueces. Se pensaba que la Tierra estaba quieta y el Sol se movía alrededor de ella. El avance de la ciencia llevó al sistema heliocéntrico de Copérnico: la Tierra se mueve alrededor del Sol. Ahora aparece Einstein negando la necesidad de espacio absoluto o éter, y, en consecuencia, ya no tiene sentido decir que el Sol (o la Tierra) están en reposo, porque ¿dónde se encuentra ese sistema de referencia en reposo para poder decir que un cuerpo se encuentra en él? ¿Vuelve a tener razón Ptolomeo o los jueces de Galileo? ¿Se mueve la Tierra o lo hace el Sol? De una forma sorprendente resuelve Einstein la vieja polémica. O bien ni unos ni otros tienen razón, o bien, todos la tienen. Porque si decimos que un cuerpo se mueve, hay que decir respecto de cuál otro se mueve. Ya no tiene sentido decir que se mueve de forma absoluta, porque eso significa que hay un sistema en reposo absoluto (el éter), y eso ha sido cuestionado. Esto no significa que el sistema heliocéntrico de Copérnico no sea un avance sobre el geocéntrico de Ptolomeo. Sí representa un avance, porque es una descripción más útil y conveniente, no más verdadera.

La paradoja del tiempo

El análisis del concepto del tiempo, que menciona Einstein como solución al problema que se le ha planteado, lo expone en el famoso artículo de 1905. El apartado 1, inmediatamente después de la introducción, y sin haber escrito todavía una fórmula, lo titula: «Definición de simultaneidad». En este apartado se encuentra el análisis del concepto de tiempo. Lo primero, quiere dejar claro qué se entiende por «tiempo» y afirma: «Debemos tener en cuenta que todos nuestros juicios en los que aparece el tiempo son siempre juicios de sucesos simultáneos. Si, por ejemplo, yo digo: "Ese tren llega aquí a las 7 en punto", quiero decir algo como esto: "La posición de la aguja pequeña de mi reloj en las 7 y la llegada del tren, son sucesos simultáneos».

Prosigue luego Einstein: «Podría parecer posible superar todas las dificultades sobre la definición de "tiempo", sustituyendo "la posición de la aguja pequeña de mi reloj" por "tiempo"». A continuación, explica que esto sólo sería satisfactorio para el lugar donde está situado el reloj, pero que el problema subsiste para comparar tiempos de sucesos que se producen en diferentes lugares. Añade: «No es posible, sin hipótesis adicional, comparar, respecto del tiempo, un acontecimiento en A con un acontecimiento en B. Hasta ahora hemos definido sólo un "tiempo en A" y un "tiempo en B". No hemos definido un tiempo común para A y B, porque esto último no se puede hacer a menos que establezcamos *por definición* que el "tiempo" requerido por la luz para viajar de A a B sea igual al "tiempo" que se requiere para viajar de B a A.» Con ello ha resuelto el problema, ha sincronizado los dos relojes, y sin introducir todavía fórmulas en estas primeras páginas del artículo.

Si la luz se transmitiera instantáneamente de un lugar a otro, no habría problema en la sincronización de los relojes, pero no es así. La velocidad de la luz es la mayor que conocemos, pero tarda un tiempo en ir de un lugar a otro. Por ejemplo, cuando percibimos los últimos rayos solares en una puesta de Sol, el Sol ya está oculto. Desapareció hace ocho minutos, que es el tiempo que tarda la luz en viajar del Sol a la Tierra. O sea, que el Sol ya no se encuentra donde nosotros vemos su imagen.

Examinemos brevemente las consecuencias de la definición de Einstein. Ha establecido que el tiempo que tarda la luz en ir de un lugar A a otro B, es igual que el tiempo de retorno de B a A. Esto parece natural si estamos pensando en que los observadores situados en A y B se hallan en reposo, pero puede que ya no nos parezca tan evidente si ahora subimos a ambos observadores a un tren que se mueva a gran velocidad. Si A y B están situados en la puerta delantera y trasera del tren, respectivamente, y van a sincronizar sus relojes para tener un «tiempo» común a ambos, como indicaba Einstein, lo harán con una señal luminosa y ajustarán sus relojes para que el tiempo que tarda en la ida de A a B, o sea, de la puerta delantera a la trasera, sea el mismo que el que tarda de la trasera a la delantera. Así se sincronizan todos los relojes de los viajeros del tren. Ahora ya no tiene misterio que la luz se mueva respecto de ellos con la misma velocidad hacia adelante que hacia atrás, pues sus relojes están sincronizados para que eso ocurra. Evidentemente, a observadores que estuvieran fuera del tren, les parecería que la luz tarda menos en ir de la puerta delantera a la trasera, que de la trasera a la delantera.

El mismo Einstein se encargó de divulgar su Teoría de la Relatividad y lo hizo con gran maestría. Viajó mucho antes de instalarse en Estados Unidos en 1933, y dictaba conferencias en sus viajes en las que no podía faltar su famosa teoría. A medida que transcurría el tiempo iba perfeccionando su técnica expositiva. Uno de los conceptos más difíciles de explicar era el de la relatividad de la simultaneidad. En el primer viaje que realizó a Estados Unidos, en 1921, pronunció cuatro conferencias en Princeton, que fueron publicadas en 1922. En ellas explica el concepto de la relatividad de la simultaneidad de la siguiente forma:

Sobre la vía de un tren caen dos rayos en los puntos A y B. ¿Cómo podremos saber si han caído simultáneamente, se pregunta Einstein? Responde con la siguiente sugerencia: situemos un observador en el punto medio, M, de A y B. Como la luz tarda lo mismo en ir de A a M que de B a M, el observador deberá verlos simultáneamente. Si ocurre así, diremos que los dos rayos han caído simultáneamente, pero añadiremos *para observadores situados en la vía.* Antes de Einstein se suponía que la simultaneidad era absoluta, pero Einstein introduce el concepto de simultaneidad relativa. Hemos dicho que los dos rayos habían caído simultáneamente para observadores situados en la vía, pero ¿habrán caído también simultáneamente para los viajeros de un tren que se mueve a

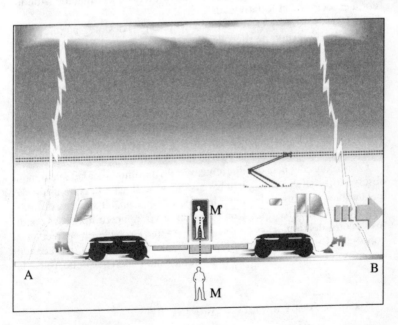

gran velocidad?. Einstein razona así: sea M' el punto medio de AB en el tren en movimiento. Evidentemente, cuando se produce la caída de los rayos, este punto coincide con M. A partir de ahí la cuestión se complicaría, porque resultaría que si M' quedara quieto, coincidiría con M y los rayos habrían caído simultáneamente para él también, pero como se mueve y va al encuentro de B, la luz de B le llegará antes que la de A. Es decir, no serán simultáneos para él. Así pues, sucesos simultáneos para los observadores de la vía, no serán simultáneos para los observadores que viajan en el tren. Del mismo modo podríamos tener dos rayos que fueran simultáneos para los viajeros, y no lo serían, por tanto, para los observadores de la vía. Cada sistema en movimiento tiene su propia simultaneidad. Este es el nuevo concepto que introduce Einstein.

Como consecuencia, las duraciones de los fenómenos no serán iguales en dos sistemas de referencia distintos, como señalábamos en el capítulo *Nace la Relatividad*, donde citábamos el ejemplo concreto de un tren, en el que puede apreciarse que los efectos predichos por la Teoría de la Relatividad son inapreciables para velocidades pequeñas, es decir, velocidades que no sean comparables a la velocidad de la luz. Por eso la atención se dirigió al mundo microscópico para tratar de confirmar que los relojes en movimiento se comportaban como predecía la teoría de Einstein. Así fue como llegó una de las primeras confirmaciones de la Teoría especial de la Relatividad.

En 1941 B. Rossi y D. B. Hall[8] compararon las desintegraciones producidas por un grupo de mesones o muones en reposo con otro grupo de mesones moviéndose a gran velocidad, casi a la velocidad de la luz, exactamente al 99,4% de la velocidad de la luz. Los mesones o muones son partículas cargadas que se producen cuando los rayos cósmicos penetran en la atmósfera terrestre procedentes del espacio exterior, y se desintegran en un electrón, un neutrino y un antineutrino. El resultado fue que el reloj radiactivo del mesón en rápido movimiento, marchaba más despacio que los que estaban en reposo, lo cual constituyó un apoyo experimental importante a la Teoría de la Relatividad.

Como consecuencia del diferente criterio de simultaneidad que tienen observadores situados en distintos sistemas, se llega a la conclusión de que también las longitudes son relativas, y como señalábamos en el capítulo *Nace la Relatividad*: Una barra en la vía aparece más corta para los viajeros del tren, pero, también, la barra que va en el tren aparece más corta para los observadores de la vía. Todo ello debido a que cuando decimos «para los viajeros del tren» se está indicando que debe usarse la

[8] Rossi, B. y Hall, D.B.: *Phys. Rev.*, 59, 223, (1941).

simultaneidad del tren, y cuando se dice «para los observadores de la vía», que se está empleando la simultaneidad de la vía.

Einstein gustaba de explicar la Teoría de la Relatividad también en lenguaje sencillo, y causó asombro su afirmación[9] referente a que esta marcha de los relojes en dos sistemas distintos afectaría también al ser humano en cuanto que el corazón marcha con ritmo periódico, que situado en un sistema en movimiento marcaría menor número de pulsaciones que las que marcaba en reposo, pero para observadores situados en «el sistema en reposo». En cambio, para el propio observador que estaba en el sistema en movimiento su ritmo cardíaco no se habría alterado. Seguiría teniendo las mismas pulsaciones.

Todo esto ha dado lugar a una famosa paradoja que se conoce con el nombre de «paradoja de los gemelos o paradoja de los relojes». Ha constituido la fuente de discusión más famosa de la Teoría de la Relatividad. Multitud de artículos se han escrito sobre ella. Por ejemplo, en un libro[10] publicado con artículos seleccionados sobre la Teoría de la Relatividad, nueve de los 17 artículos estaban dedicados a la paradoja del tiempo.

Su origen está en el artículo de Einstein de 1905 y se basa en el diferente comportamiento, según la Teoría de la Relatividad, de dos relojes idénticos situados en dos sistemas distintos. Podríamos enunciarla brevemente así: uno de dos hermanos gemelos se sube a una nave espacial mientras que el otro queda en tierra. La nave viaja por el espacio hasta alcanzar una distancia considerable y luego da la vuelta y regresa a la Tierra. Al descender de la nave se encuentra con «su hermano gemelo», que ahora «es más viejo que él».

Realmente la nave debe sufrir una aceleración al iniciar el movimiento hasta adquirir la velocidad que supondremos que mantiene constante hasta dar la vuelta, a continuación sufre otro período de aceleración mientras frena para dar la vuelta y adquiere la velocidad constante después, y, finalmente, sufre otra aceleración cuando frena al llegar a la Tierra. Debido a las aceleraciones existentes, algunos autores opinan que la discusión sobre el fenómeno hay que llevarla al marco de la relatividad general, pero otros opinan que se puede explicar dentro de la relatividad especial o restringida si las duraciones de las aceleraciones mencionadas son muy pequeñas.

Esta sorprendente paradoja ha dado origen a frases como «viajando deprisa se vive despacio», pero las diferencias de tiempos entre el reloj que viaja y el que queda en tierra es pequeña a no ser que la velocidad a la que se mueve sea muy grande, afirma la Teoría de la Relatividad.

---

[9] Frank, Philipp: *Einstein*, José Janés Ed., Barcelona, 1949, p. 85.
[10] American Institute of Physics, New York, (1963)

Recordemos que la velocidad de referencia es la de la luz, 300.000 km/s, y si la velocidad del reloj viajero es despreciable frente a la de la luz, también lo será la diferencia de los tiempos marcados por los dos relojes.

La paradoja de los relojes ya produjo un fuerte impacto en su tiempo. En este sentido, podemos citar lo que relata Philipp Frank, sucesor de Einstein en la cátedra de Praga, y autor de una de las primeras biografías del famoso científico, sobre el titular de un periódico de Viena que leyó en Zúrich a finales de 1912: «El minuto en peligro. Una revolución de la ciencia matemática»[11]. Continúa Frank exponiendo que el artículo se refiere, por supuesto, a Einstein, y que en él un profesor de física trata de explicar a los atónitos lectores, que Einstein afirmaba que el tiempo se podía hacer transcurrir más despacio o más deprisa, pero lo más llamativo es lo que señala a continuación que leyó en el periódico: «Los hombres venían y se iban, pasaban las generaciones, pero el flujo del tiempo permanecía inmutable. Einstein lo alteraba todo»[11].

No es de extrañar que los lectores no entendieran nada de todo aquello. Sin embargo, todo contribuía a popularizar la figura de Einstein. Un personaje que era capaz de triunfar sobre el sentido común y lo que defendía la ciencia tradicional, merecía el aplauso de muchos, aunque para otros todo aquello no eran más que exageraciones y fantasías que aparecían en los periódicos y no le daban crédito.

Faltan todavía algunos años para la segunda confirmación experimental de la Teoría de la Relatividad especial. Se trata de una comprobación experimental de la relación entre masa y energía, que Einstein publicó el mismo año de 1905, casi como una posdata a su artículo cuarto de la relatividad.

Actualmente están comprobadas las consecuencias de la relatividad especial con multitud de hechos experimentales. Por mencionar solamente una de ellas, la masa, que, en la mecánica de Newton era una constante, deja de serlo en la relatividad especial, y debe aumentar con la velocidad de acuerdo con una fórmula que establece que a mayor velocidad, mayor masa del cuerpo, hasta llegar al extremo de que si un cuerpo se moviera a la velocidad de la luz, su masa se haría infinitamente grande.

Esta variación de la masa con la velocidad es pequeña para velocidades pequeñas, como las que podemos manejar habitualmente en el mundo macroscópico. En cambio, en el mundo microscópico de las partículas que se mueven en aparatos eléctricos o electrónicos, las velocidades que se alcanzan pueden ser muy elevadas, lo que ha permitido comprobar en innumerables ocasiones la fórmula de Einstein.

---

[11] Frank, Philipp: *Einstein*, op. cit., pp. 86-87.

APÉNDICE II

LA RELATIVIDAD GENERAL
(La idea más feliz de mi vida) (1907-1916)

La Teoría de la Relatividad general se basa en lo que Einstein llamó la «idea más feliz de mi vida», y lo describe así:

«[...] el campo gravitatorio [...] tiene solamente una existencia relativa. *Porque si uno considera a un observador en caída libre, por ejemplo, desde el tejado de una casa, no existe para él campo gravitatorio durante su caída, al menos en su vecindad inmediata*»[1]. [En cursiva en el original].

Esta idea, «la más feliz de su vida», sabemos dónde y cuándo la experimentó Einstein, porque él mismo se encargó de divulgarla en una conferencia que pronunció en Kyoto: fue en el año 1907, cuando todavía trabajaba en la Oficina de Patentes de Berna, y también explicó que se encontraba sentado en su silla. Para recordarlo toda su vida y hablar de ello públicamente debió de causarle una profunda impresión. Y no solamente lo reconoce explícitamente, sino que afirma: «me sobresalté»[2]. Esa idea de que un hombre cayendo desde el tejado de una casa no sintiera su propio peso le condujo a su Teoría de la Gravitación, según él mismo proclama[2].

Volviendo al observador en caída libre desde el tejado, prosigue Einstein, no tiene medio de saber que él está cayendo en un campo gravitatorio. Se refiere a experimentos mecánicos que pueda realizar. Por

---

[1] Esta es una cita muy conocida: Einstein, Albert: *Ideas y métodos fundamentales de la Teoría de la Relatividad, presentados tal y como se desarrollaron* que se reproduce con frecuencia; por ejemplo, puede verse en: Holton, Gerald: *Ensayos sobre el pensamiento científico en la época de Einstein*, Alianza Editorial, Madrid, 1982, p 307 o en Pais, Abraham: *El Señor es sutil... La ciencia y la vida de Albert Einstein*, Ariel, Barcelona, 1984, p. 186.

[2] Pais, Abraham: *El Señor es sutil... La ciencia y la vida de Albert Einstein*, Ariel, Barcelona, 1984, p. 187.

ejemplo, dice Einstein, si suelta algún cuerpo para ver qué le sucede, comprobará que sigue junto a él.

Utiliza también Einstein un ejemplo muy sencillo e ilustrativo para explicar su idea. Siguiendo una de sus características fundamentales, Einstein pensaba en imágenes con una gran capacidad de visualización. Pocas matemáticas en sus razonamientos básicos. Propone el ejemplo de un ascensor[3] situado en el rascacielos más alto del mundo al que se le rompe el cable de sujeción y se precipita en caída libre. Supondremos que no hay aire en su interior para eliminar las fuerzas de rozamiento. Un observador situado en su interior deja caer un reloj y un pañuelo dentro del ascensor. ¿Qué es lo que les sucederá? Pues que continuarán en el punto en que los soltó. No se moverán con respecto a él, a menos que los dé un empujón con la mano. La razón está en que todos los cuerpos caen en el vacío con la misma aceleración, la de la gravedad. Esto ya lo demostró Galileo tres siglos antes que Einstein pensara en este experimento mental. Es famoso el experimento de Newton que demuestra empíricamente que en un tubo de vidrio en que se ha hecho el vacío caen al mismo tiempo cuerpos de masa tan distintas como un trozo de plomo, un corcho y un pedazo de papel.

Este es un hecho muy conocido en física, incluso se puede encontrar reflejado en novelas populares como la famosa de Julio Verne *De la Tierra a la Luna* en que la imaginación de Julio Verne sitúa allá por los años 1865-1870 a los pasajeros de un proyectil en vuelo desde la Tierra hacia la Luna. En un momento determinado el proyectil se encuentra ya en vuelo libre (no hay motores internos), y los pasajeros quieren desembarazarse del perro que ha muerto. Se les ocurre la idea de arrojarlo fuera. Así lo hicieron, y cuál no sería su asombro al ver que el perro no se desplazaba hacia la Tierra, sino que proseguía junto a ellos, avanzaba a la misma velocidad que el proyectil. No habían conseguido más que moverlo unos metros, de dentro del proyectil a fuera. Julio Verne sabía que, efectivamente, la Tierra imprime a todos los cuerpos la misma aceleración y, por tanto, si parten de la misma velocidad inicial, también tendrán la misma velocidad en su caída. En esta ocasión se trataba del proyectil alejándose de la Tierra, por lo que el perro muerto siempre acompañaría al proyectil.

Lo mismo sucedería si se tratara de la caída sobre la Tierra, que es lo que propone Einstein. Así, que por ahora no ha introducido Einstein ninguna novedad en su ascensor en caída libre, y el pañuelo y el reloj saca-

---

[3] Einstein, Albert e Infeld, Leopold: *The Evolution of Physics*, Simon & Schuster, New York, 1939. Trad.: *La Física aventura del pensamiento*, Ed. Losada, Buenos Aires, 1939, p. 185.

dos del bolsillo del observador quedarán junto a él y «no caerán al suelo». Ningún objeto que sacara de los bolsillos y dejara en libertad se aceleraría con relación al observador interior. Es decir, para el observador interior no hay campo gravitatorio dentro del ascensor. Esto es lo que quería decir Einstein con el ejemplo del observador que cae desde el tejado al afirmar que para él no existiría campo gravitatorio en puntos de su entorno.

Durante once años, de 1905 a 1916 estará aplicando su legendaria capacidad de concentración a resolver ese problema, que culminará con el enunciado de la Teoría de la Relatividad general. Tiene Einstein treinta y seis años. Todo ello le supondrá un gran desgaste físico. Este desgaste unido a las penurias de la guerra llevarán a Einstein a pasar gran parte de los años 1917 y 1918 en cama.

Además de su principal problema de la relatividad general, que le absorbía sus pensamientos de forma continua, como reconocería más tarde, Einstein tenía que cumplir con sus obligaciones docentes. Llegó a decir que frente al trabajo en que se había sumido para obtener la relatividad general, la relatividad especial había sido «un juego de niños».

Desde 1905 estuvo pensando en una posibilidad de ampliar la relatividad especial. No le parecía razonable que los sistemas inerciales tuvieran aquel papel preponderante en la descripción de las leyes físicas de modo que éstas tuvieran la misma forma respecto de cualquier sistema inercial. Trataba de ampliar aquella idea para que fuese válida para cualquier sistema fuera inercial o no. A partir de 1907 empieza a encontrar los primeros resultados (la idea más feliz de su vida). Sabemos que en 1911, estando ya en Praga, obtiene resultados importantes y, después, en Zúrich, se da cuenta de que necesita ayuda matemática, que es cuando recurre nuevamente a su viejo y querido amigo Marcel Grossmann, que se había especializado en una parte de las matemáticas que le será muy útil a Einstein. Cuando Einstein se marcha a Berlín en 1914 tiene que interrumpir su colaboración con Grossmann, pero ya tiene suficiente bagaje matemático para terminar la elaboración de la Teoría general de la Relatividad. Cuando la publica en 1916 da las gracias a su amigo Grossmann.

El artículo sobre la relatividad general aparece en 1916 en la misma revista que había publicado la relatividad especial, *Annalen der Physik*, con el título: *El fundamento de la Teoría general de la Relatividad.* Como puede observarse, esta vez sí usa Einstein la palabra relatividad en el título. Ya en las primeras páginas, antes de escribir fórmula alguna, establece el principio que le ha guiado en su búsqueda: «Las leyes de la física tienen que ser de tal naturaleza que se puedan aplicar a sistemas de referencia con cualquier tipo de movimiento»[4]. Como puede apreciarse se trata de una generalización del principio de la relatividad especial o restringida en la que se refería sólo a sistemas de referencia inerciales (con movimiento uniforme), mientras que ahora dice expresamente «con cualquier tipo de movimiento», lo que incluye sistemas acelerados. Lo introduce en un apartado que titula «Necesidad de una extensión del postulado de relatividad»[5].

Así como con la relatividad especial había ya indicios que marcaban el camino, y se tenían los trabajos de Lorentz y Poincaré, que habían abonado el terreno para Einstein, no sucedía lo mismo con la relatividad general que se considera la obra titánica de una sola persona. Únicamente se ha mencionado el nombre del gran matemático David Hilbert como un posible participante en esta teoría. Hilbert había mostrado gran interés por la relación de la gravitación con la geometría que había propuesto Einstein. Y sucedió el siguiente hecho curioso. En noviembre de 1915 Einstein presentó en la Academia Prusiana de Ciencias de Berlín, en cuatro sesiones celebradas en cuatro jueves sucesivos, su teoría completa de la relatividad general. Simultáneamente, Hilbert presentaba un trabajo en la Real Sociedad de Ciencias de Gotinga titulado «Los fundamentos de Física» en que obtenía los diez coeficientes métricos de una forma más elegante que Einstein. Pero Hilbert dejó claro en repetidas ocasiones que la teoría era de Einstein. Para recalcar que el mérito era de Einstein y que lo más importante era la profundidad de su pensamiento físico y no de las matemáticas subyacentes, llegó a decir en una ocasión exagerando este contraste: «Cualquier chico de las calles de Gotinga comprende más de geometría tetradimensional que Einstein. A pesar de eso, Einstein hizo el trabajo y no los matemáticos»[6].

Aunque la Teoría general de la Relatividad se publicó en 1916, Einstein la había terminado unos meses antes, a finales de 1915. Para muchos es la obra maestra de este genio del siglo XX, y es considerada como obra exclusiva de una sola persona. Por ejemplo, French lo considera «el [logro] supremo en su originalidad y grandeza intelectual»[7].

---

[4] Einstein, Albert. *The principle of Relativity,* Dover, New York, 1952, p. 113.

[5] *Ibíd.,* p. 112.

[6] Esta cita de una biografía de Hilbert: *Constance Reid's biography of Hilbert,* 1970, es recogida en: *Einstein. A Centenary Volume,* Edited by A. P. French, Heinemann, London, 1979, p. 111.

[7] French, Anthony Philip: *Einstein. A Centenary Volume,* Edited by A. P. French, Heinemann, London, 1979, p. 111.

Stephen Hawking la califica como una de las dos grandes hazañas intelectuales de la primera mitad del siglo[8].

Aún así, la Teoría de la Relatividad general no fue unánimemente aceptada. Incluso dentro de Alemania surgió una «compañía antirrelatividad», como la denominaba Einstein, formada por un grupo de científicos, dirigidos por Philipp Lenard, premio Nobel de Física de 1905 y del cual ya hemos hablado, que combatían su teoría. Más aún, llegó a publicarse un libro titulado *Cien autores contra Einstein*, pero Einstein no le concedió ninguna importancia afirmando: «Si yo estuviera equivocado, uno habría sido suficiente»[9].

¿Qué camino siguió el pensamiento de Einstein desde esa idea considerada por él «la idea más feliz de su vida» hasta completar la Teoría general de la Relatividad? Desde luego, el proceso fue largo, nueve años desde que concibió esa idea (1907) hasta que publicó la teoría (1916), pero once años desde que elaboró la Teoría especial de la Relatividad (1905). Desde esta fecha Einstein buscaba la generalización de su Teoría especial de la Relatividad: «Tales reflexiones me mantuvieron ocupado desde 1908 a 19011 [...]. Trabajé en estos problemas desde 1912 a 1914 junto a mi amigo Grossmann»[10].

Él mismo se encargó de explicar cómo ese pensamiento inicial lo condujo a la idea básica de la relatividad general. En varias partes[11] describe el famoso «experimento mental de la caja que ilustra la idea». Se basa en lo siguiente. Se busca una región del espacio lo suficientemente alejada de cualquier estrella de modo que se pueda suponer que no existe campo gravitatorio en esa región. Y en esa región colocaremos una caja, que puede imaginarse como el ascensor que hemos mencionado anteriormente, dentro del cual haremos algún experimento como si fuera un laboratorio, y supondremos que constituye un sistema inercial. Dentro de la caja situaremos a un observador. Para él no existirá campo gravitatorio, y, en consecuencia, si repite el experimento de extraer un reloj y un

[8] Balibar, Françoise: *Einstein. El gozo de pensar.* Ediciones B, S.A., Barcelona, 1.999, p. 99, recogido de Hawking, Stephen: *A Brief History of time.* Bantam Books, London, 1995.

[9] Hawking, Stephen: *A Brief History of time.* Bantam Books, London, 1995, p. 196.

[10] Cita mencionada en *Einstein. A Centenary Volume,* Edited by A. P. French, Heinemann, 1979, p. 306, procedente de *Mein Weltbild,* Amsterdam: Q., Verlag, 1934.

[11] Por señalar dos de ellas, citemos a Einstein, Albert e Infeld, Leopold: *The Evolution of Physics,* Simon & Schuster, New York,1939. Trad.: *La Física aventura del pensamiento,* Ed. Losada, Buenos Aires, 1939, p. 188, y Wagner, Josef. *Lo que verdaderamente dijo Einstein,* Ed. Aguilar, México, 1974, p.131, tomado de Einstein, Albert: *Über die spezielle und allgemeine Relativitätstheorie* (edición popular), 16ª ed. ampliada, Friedrich Vieweg e hijo, Braunschweig, 1954, p. 40.

pañuelo del bolsillo y soltarlos, quedarán quietos en la posición en que los abandone.

Pero ahora vamos a introducir una modificación. Imaginemos, como dice Einstein, que en el centro del techo y por la parte de fuera hay una anilla de la cual tira hacia arriba con fuerza constante un ser, indica Einstein, «cuya naturaleza no hace al caso»[12].

Y de nuevo repitamos el experimento. Nuestro observador extraerá del bolsillo un reloj y un pañuelo y los soltará. ¿Qué sucederá? Naturalmente que chocarán con el suelo, porque el ascensor está acelerando hacia arriba y el suelo del ascensor los alcanzará a los dos al mismo tiempo. Esto es lo que pensaremos nosotros que estamos fuera del ascensor. Pero, ¿qué dirá el observador del ascensor? Dada su experiencia en la Tierra con el campo gravitatorio que hace caer a todos los cuerpos con la misma aceleración independientemente de su masa, pensará que se encuentra en la misma situación y que está actuando un campo gravitatorio en el ascensor, que hace caer al reloj y al pañuelo con la misma aceleración, lo que explica que lleguen al mismo tiempo al suelo.

Continúa después Einstein: «¿Podemos reírnos de él [...]?»[13]. Por supuesto que no. Su explicación no viola ningún principio físico ni la lógica. No coincide con la nuestra, que supone que estamos en un sistema inercial y vemos cómo se acelera la caja uniformemente hacia arriba y que dentro no hay campo gravitatorio, pero por experimentos realizados en el interior de la caja, como el que hemos mencionado, no podremos distinguir si la causa ha sido un campo gravitatorio o una aceleración de la caja hacia arriba. Así que su explicación está plenamente justificada. En definitiva, concluye Einstein, «la suposición de que ambos sistemas coordenados [el del observador interior para el cual la caja no está acelerada y existe un campo gravitatorio, y el del observador exterior que es un sistema inercial y para el cual no hay campo gravitatorio] merecen plena igualdad de crédito físico, es lo que llamaremos "principio de equivalencia"».[14]

Este principio de equivalencia constituye el punto de partida de la relatividad general.

---

[12] Wagner, Josef. *Lo que verdaderamente dijo Einstein*, Ed. Aguilar, México, 1974, p. 132, tomado de Einstein, Albert: *Über die spezielle und allgemeine Relativitätstheorie* (edición popular), 16ª ed. ampliada, Friedrich Vieweg e hijo, Braunschweig, 1954, p. 41.

[13] Wagner, Josef. *Lo que verdaderamente dijo Einstein*, op. cit., p. 133 y Einstein, Albert: *Über die spezielle und allgemeine Relativitätstheorie*, op. cit., p. 41.

[14] Wagner, Josef. *Lo que verdaderamente dijo Einstein*, op. cit., p. 134 y Einstein, Albert: *Grundzüge der Relativitätstheorie*, 2ª ed., Friedrich Vieweg e hijo, Braunschweig, 1960, pp. 37-38.

APÉNDICE III

PRUEBAS EXPERIMENTALES
DE LA RELATIVIDAD GENERAL

El eclipse que hizo famoso a Einstein

Una de las predicciones más espectaculares de Einstein consistió en la desviación de los rayos de luz por efecto de la gravedad. El campo gravitatorio no sólo atrae materia, sino también energía, había asegurado Einstein. Pero necesitaba campos gravitatorios intensos, como el del Sol, para que la medida fuera apreciable, por eso había pensado en un eclipse solar que permitiera observar la posición de estrellas fijas próximas al Sol, sin ser deslumbradas por éste, y comparar sus posiciones con aquellas que no están próximas al Sol. Todo ello mediante fotografías.

De manera que no le quedaba a Einstein otra solución que esperar el próximo eclipse solar, que estaba anunciado para 1914. Cuando llegó el momento salió una expedición de Alemania hacia Rusia para comprobar la predicción de Einstein, pero de nuevo algo iba a impedir la confrontación de la teoría con la experiencia. Estalló la Primera Guerra Mundial y la expedición fue hecha prisionera y, por supuesto, no pudieron realizar las mediciones. No se pudo, en esta ocasión, ni confirmar ni desmentir la teoría de Einstein. Nuevamente este resultado favoreció a Einstein.

El motivo de que estos dos sucesos jugaran a favor de Einstein fue que había cometido un pequeño error de cálculo. En 1915 al terminar su Teoría general de la Relatividad, volvió a estudiar el fenómeno en este nuevo marco y obtuvo un valor distinto para la desviación de los rayos de luz al pasar cerca del Sol, 1,7" de arco. El doble del valor que había previsto inicialmente. En esta situación, no quedaba más que esperar el próximo eclipse. Estaba anunciado para el 29 de mayo de 1919. Esta vez la fortuna sonrió a Einstein. En primer lugar, el astrónomo real británico, sir Arthur Eddington, estaba interesado en la Teoría de la Relatividad. Se decía que era uno de las pocas personas en el mundo que la entendían y, al aproximarse la fecha del eclipse, propuso dos expediciones, una a

Sobral (Brasil) y otra a la isla portuguesa de Príncipe, en la costa atlántica africana. Las dos expediciones tomaron fotografías, pero hubo de esperarse un poco de tiempo hasta que se tuvieran los resultados. La guerra había terminado hacía muy poco y era difícil la comunicación entre Inglaterra y Alemania. Afortunadamente Eddington había enviado dos expediciones. La primera, en la que iba el propio Eddington, no tuvo suerte con las condiciones en que se realizaron las medidas, y no pudo confirmar la predicción con certeza. En cambio las fotografías de la segunda expedición no admitieron duda.

En septiembre de 1919 Lorentz envió un telegrama a Einstein diciendo que las fotografías confirmaban su teoría. Einstein envió inmediatamente otro telegrama a su madre, que se encontraba enferma en Suiza, diciéndole que Lorentz le había mandado un telegrama en que se confirmaba su teoría de la desviación de la luz al pasar por las proximidades del Sol. Su madre estaba viviendo la ascensión a la cúspide científica y popular de su hijo. Desgraciadamente no le quedaba mucho tiempo.

Después de conocer los resultados del eclipse, Einstein había afirmado que no le había preocupado el retraso en conocer el resultado de la expedición. Sin embargo, esa aparente indiferencia lo que conseguía era alimentar su mito, mientras que la realidad era que, a mediados de septiembre, Einstein debía de estar preocupado por el retraso, porque escribía a su amigo Ehrenfest y, también, con aparente indiferencia le preguntaba si tenía noticias de la expedición.

Puede decirse que los resultados de estas expediciones británicas para las mediciones durante el eclipse significaron el comienzo de la fama mundial de Einstein a un nivel sin parangón en la Historia de la Ciencia. No se trata de popularidad o reconocimiento científico mundial, que también lo consiguió, sino de una admiración y aclamación a nivel humano que le convirtieron en la persona más célebre del mundo de la época. Cualquier persona, aunque no supiera nada de ciencia, lo conocía.

Eddington escribió a Einstein en diciembre de 1919 a raíz del éxito de su teoría, y le decía: «[...] Toda Inglaterra está hablando de su teoría. [...] Es lo mejor que podría haber ocurrido para mejorar las relaciones científicas entre Inglaterra y Alemania»[1].

El éxito había sido tal que el librito de divulgación de la relatividad que Einstein había escrito en 1917 utilizando únicamente matemáticas elementales se vendió mucho más, se multiplicaron las ediciones, se tradujo a otros idiomas, y su éxito en inglés era tan grande que la gente acudía a comprarlo a las librerías con absoluta ignorancia de lo que trataba.

---

[1] Hoffmann, Banesh: *Einstein*, Salvat, Barcelona, 1984, p. 124.

Muchos de los compradores pensaban que aquella teoría trataba de las relaciones de un sexo con otro. Llegó hasta tal punto la ignorancia, y al mismo tiempo el éxito, que el editor inglés pidió a su traductor inglés una líneas explicativas sobre el contenido del libro para que los vendedores pudieran informar a los compradores[2].

Einstein sabía muy bien que para que su teoría tuviera éxito debía ser confirmada por la experiencia y, al final de la publicación de la relatividad general, Einstein propone confrontar su teoría con los experimentos en lo que se ha dado en llamar los tres *tests* clásicos de la relatividad general. Por citarlos en el orden en que los menciona Einstein en su artículo, son: 1°) el desplazamiento hacia el rojo de las rayas espectrales; 2°) la desviación de los rayos de luz al pasar cerca de un cuerpo de gran masa y 3°) la precesión del perihelio de Mercurio.

El segundo fenómeno «desviación de los rayos de luz al pasar cerca de un cuerpo de gran masa» ya lo hemos tratado con el eclipse de 1919. En el artículo de la relatividad general le dedica tres párrafos y calcula la desviación para el caso en que el rayo de luz pase cerca del Sol en 1,7" de arco, que como ya hemos dicho fue confirmada. También predice una deflexión de un rayo de luz que pase cerca de Júpiter en 0,2" de arco.

El perihelio de Mercurio

Sigamos con el último fenómeno mencionado por Einstein: «la precesión del perihelio de Mercurio». Einstein le dedica los dos últimos párrafos de su artículo. En uno de ellos expone el fenómeno en unas pocas líneas, y en otro propone la solución del problema. Había realizado los cálculos para averiguar si con su teoría se podía explicar un suceso conocido desde hacía muchos años y que no tenía explicación con la mecánica clásica. Se denomina precesión del perihelio de Mercurio.

El perihelio de Mercurio es el punto de la trayectoria de Mercurio en su movimiento alrededor del Sol, en que este planeta se halla más cerca del Sol. La trayectoria de Mercurio alrededor del Sol es una elipse, pero no es una elipse fija, sino que va rotando lentamente en el plano de la órbita y en el sentido de la traslación. Ese giro o rotación es tan lento que su velocidad sólo alcanza a 43" de arco por siglo,

Este desplazamiento del perihelio de Mercurio de 43" de arco suponía un suceso inexplicable. Cuando Einstein consiguió obtener este resultado a partir de su teoría, alcanzó el punto álgido de su carrera.

---

[2] *Ibíd*, p. 125.

Parece ser que le embargó una emoción tan grande que no pudo trabajar en tres días. «Durante varios días estuve fuera de mí, como en estado de éxtasis»[3].

La explicación de la relatividad general, que no requería buscar hipotéticos planetas o lunas, motivó que se abandonaran todas las demás posibles explicaciones. Realmente, este efecto no fue predicho por la teoría de Einstein, puesto que se conocía desde mucho antes, pero fue explicado por dicha teoría, que como indica su autor[4], no fue elaborada para explicar ese fenómeno, sino que la explicación surgió como aplicación natural de la teoría.

Desplazamiento hacia el rojo

Sigamos con el primer fenómeno mencionado por Einstein: «el desplazamiento hacia el rojo de las rayas espectrales». Este fenómeno no se había observado nunca. Era una consecuencia de la Teoría general de la Relatividad. Hay una gran diferencia con el avance del perihelio de Mercurio que acabamos de mencionar. Éste era conocido, es decir, el fenómeno existía y la relatividad lo explicaba. En cambio, el desplazamiento de las rayas espectrales era un fenómeno que predecía Einstein. En las últimas páginas del artículo sobre la relatividad general dice: «[...] las líneas espectrales que nos alcancen desde las superficies de grandes estrellas tienen que aparecer desplazadas hacia el extremo rojo del espectro»[5].

Este fenómeno previsto por Einstein en 1916 del «desplazamiento hacia el rojo de las rayas espectrales» es extremadamente difícil de medir. En las emisiones procedentes del Sol y otras estrellas se superponía además el efecto Doppler, lo que hacía aún más compleja la medición. Aún así se consiguió observar. En 1971 Snider lo comprobaba también para el Sol con una precisión del 6%.

Pero más impresionante ha sido la comprobación del fenómeno en la propia superficie de la Tierra en que el fenómeno es mucho menos acusado debido a la pequeña variación del campo gravitatorio terrestre con la altura. Y lo que Einstein había previsto inicialmente eran variaciones de campos gravitatorios más intensos. Si la luz viaja de campos gravi-

[3] Hoffmann, Banesh: *Einstein, op. cit.,* p. 119.

[4] Einstein, Albert e Infeld, Leopold: *La Física aventura del pensamiento, op. cit.,* p. 205.

[5] Einstein, Albert. *Die Grundlage der allgemeinen Relativitätstheorie,* Annalen der Physik, 49, 1916 y *Einstein. The Principle of Relativity,* Dover, New York, 1952, p. 162.

tatorios muy intensos, por ejemplo del Sol o de alguna estrella, y llega a campos gravitatorios mucho más débiles, como los terrestres, debe observarse un desplazamiento de todas las líneas espectrales hacia el extremo rojo del espectro.

Primero se consiguió medir el efecto en una torre de 100 m en el Jefferson Building de la Universidad de Harvard, en 1960, por Pound y Rebka. Pero más impresionantes aún fueron las medidas efectuadas en 1964 por Pound y Snider confirmando en alturas de 22,5 m el efecto buscado con un error del 1%.

Hasta los años 60 estas eran prácticamente las únicas pruebas existentes que apoyaban la relatividad general. Eran las tres pruebas clásicas. Después de los años 60 se han añadido más pruebas que confirman la relatividad general. Mencionaremos a continuación algunas de ellas.

Los agujeros negros

Otra de las predicciones de la relatividad general es la de los agujeros negros.

En opinión de French[6] se podría decir que el gran científico francés Pedro Simón Laplace fue el primero, en 1796, en describir unos objetos, que al igual que los agujeros negros, impedirían salir la luz.

Esta idea de Laplace se apoyaba en la concepción newtoniana de la naturaleza corpuscular de la luz, o sea, partículas que se movían a la velocidad de la luz. En consecuencia, al igual que otra masa, las partículas de la luz serían atraídas por los cuerpos y, si estos poseyeran una masa suficientemente grande, sería posible que la luz no pudiera escapar de su atracción.

Wheeler[7] y Breithaupt[8] atribuyen a John Mitchell, astrónomo aficionado británico, en 1783, la predicción de los agujeros negros, aunque Wheeler reconoce que Laplace obtuvo la misma conclusión independientemente. Mitchell llegó a calcular la masa de una estrella para que no dejara escapar los rayos de luz, que cifró en 500 veces la masa solar.

El nombre de «agujeros negros» se debe al físico norteamericano de Estados Unidos, John Wheeler en 1968.

---

[6] French, Anthony Philip.: *Einstein. A Centenary Volume*, Edited by A. P. French, Heinemann, London, 1979, p. 109.

[7] Wheeler, John: *Viaje por la gravedad y el espacio-tiempo*, Alianza Editorial, Madrid, 1994, p. 221.

[8] Breithaupt, Jim: *Einstein. Guía para jóvenes*, Lóguez ed., Salamanca, 2001, p. 73.

Si se lanza un cuerpo desde la superficie sabemos que vuelve a caer al cabo de un tiempo. Cuanto mayor sea la velocidad que le imprimamos, más tiempo tarda en regresar a la Tierra. Se sabe que para que un cuerpo escape de la atracción gravitatoria terrestre, es decir, que no retorne jamás a la Tierra, debe lanzarse con una velocidad inicial de 11,2 km/s. Hasta Julio Verne, novelista del siglo XIX y comienzos del XX, conocía este número que empleó en su novela *De la Tierra a la Luna*. Naturalmente, si el campo gravitatorio terrestre fuera menos intenso, esa velocidad de escape sería menor y, si fuera más intenso, la velocidad de escape tendría que ser mayor. Pues bien, extrapolemos esa idea al caso de la luz. Si el campo gravitatorio es suficientemente grande, de hecho, enormemente grande, podría pensarse que tampoco la luz podría escapar. La masa de ese cuerpo, que no deja escapar la luz debería ser enormemente grande, para que la velocidad de escape fuera superior a la velocidad de la luz.

Oppenheimer y Sneider en 1939 anunciaron la existencia de estos objetos. Ocurrió, pues, en vida de Einstein, quien asistió a su predicción, aunque no a su detección. Estos objetos del espacio estarían constituidos por una gran concentración de masa en un pequeño volumen. Como si una gran estrella hubiera reducido muchísimo su volumen sin variar su masa. De esta forma tendría un campo gravitatorio enorme que atraería con gran intensidad todo aquello que se acercara a ella, fuera materia o radiación. Es como si devorara todo lo que se acercara a ella. Su fuerza atractiva sería tal que una vez que algo penetrara en lo que se denomina su radio de Schwarzschild, ya no podría salir de ella. Por tanto, nada de lo que sucediera en su interior podría transmitirse al exterior, ni siquiera la luz, porque el campo gravitatorio no sólo atrae materia, sino también energía, incluida la luz, por eso los agujeros se califican de «negros». En consecuencia, un observador exterior no podrá ver nada de lo que sucede cuando un cuerpo penetra en este radio crítico del agujero negro, porque la luz no puede salir de él. Es lo que se llama el horizonte de sucesos.

Para dar una idea del orden de magnitud, digamos que para que el Sol se convirtiera en un agujero negro, su volumen debería disminuir de tal modo que llegase a alcanzar un radio de unos 3 km. Y eso sin variar su masa. Su densidad, por tanto, habría aumentado de forma espectacular. Y en el caso de la Tierra, debería reducir su diámetro a 18 mm para convertirse en un agujero negro y, análogamente al caso del Sol, conservando intacta su masa.

La idea de los agujeros negros no había conseguido ningún apoyo experimental hasta 1966 en que los astrónomos del observatorio Monte Palomar en California descubrieron una noche una estrella cuyo brillo variaba muy rápidamente, que bautizaron con el nombre de *Quasar*

(Quasi stellar radio source), porque emite gran cantidad de energía en forma de ondas de radio.

Estos objetos se asocian con los agujeros negros. Se supone que el agujero negro está atrayendo con su gran campo gravitatorio la masa de una estrella, la cual, a medida que se acerca adquiere un movimiento de rotación, en la forma de un torbellino, hasta penetrar en el radio crítico del agujero negro y ser engullida por él. Durante el proceso de aceleración en torno del agujero negro, emite la estrella gran cantidad de radiación en la zona de rayos X del espectro, por lo que se considera que grandes emisiones de rayos X son un indicio de la presencia de un agujero negro.

No hay evidencia directa de los agujeros negros. Eso es algo sumamente complejo, porque todo lo que se acerca a los agujeros negros desaparece como si fuera tragado sin dejar rastro. Por ese motivo, solamente se dispone de pruebas indirectas de su existencia y, aunque se confía plenamente en su existencia, no se tiene la seguridad de que los fenómenos observados atribuidos a los agujeros negros no puedan ser explicados por otros motivos. Mediante evidencia indirecta se han detectado ya muchos agujeros negros, sobre todo recientemente, e incluso algunos en nuestra galaxia.

Uno de los agujeros negros más famosos es Cygnus X_1, (nombre en código que recibió el primer emisor de rayos X de la región del Cisne), cuya masa se calcula en seis veces la del Sol. Se descubrió por el procedimiento indicado anteriormente: mediante los rayos X emitidos por la masa acelerada que se iba tragando, que parece ser que procedía de su estrella compañera, pues constituían un sistema binario. Se le calcula un diámetro inferior a unos pocos kilómetros.

Un fenómeno curioso ha sido el descubrimiento (en noviembre de 2002) de dos agujeros negros de masas enormes girando uno alrededor del otro en el centro de la galaxia NGC6240. Esta galaxia se halla muy lejos. A una distancia de 400 millones de años-luz. Es la primera vez que se detectan dos agujeros negros en la misma galaxia. Se calcula que dentro de varios cientos de millones de años chocarán y darán lugar a un agujero negro todavía mayor. Como resultado de la colisión se producirá una gran emisión de ondas gravitatorias. «Esta es la primera vez que vemos un agujero negro binario en acción, la pistola humeante de algo que se convertirá en un gigantesco estallido de ondas gravitacionales en el futuro», en palabras de Guenther Hasinger del Instituto Max Planck para la física extraterrestre.

Otros han sido descubiertos en diferentes galaxias. Por citar alguno en nuestra propia galaxia, La Vía Láctea, señalemos la detección de un agujero negro a sólo 8.000 años-luz de distancia. El descubrimiento se realizó con el telescopio Hubble (telescopio espacial NASA) que confirmó la existencia del agujero negro GRO J1655-40.

Ondas gravitatorias

La existencia de las ondas gravitatorias o gravitacionales también se halla implícita en la Teoría general de la Relatividad de Einstein de 1916.

De forma similar a una carga eléctrica que al acelerarse genera un pulso de radiación electromagnética que se propaga con la velocidad de la luz, también una masa que se acelera se supone que también generará un pulso de radiación, onda gravitatoria que viaja a la velocidad de la luz.

La detección de las ondas gravitatorias es extremadamente difícil, ya que la energía que transportan es muy débil. Se han construido antenas detectoras, pero aún no se ha conseguido una detección directa. Otra forma de detección de las ondas gravitatorias podríamos decir que indirecta, se basa en medir la energía perdida por un sistema y comprobar que coincide con la que tendrían las ondas gravitatorias.

Esta evidencia indirecta de la existencia de las ondas gravitatorias sí se ha comprobado. R. Hulse y J. Taylor descubrieron en 1974 el primer púlsar binario que fue denominado PSR1913+16.

Un púlsar binario es un conjunto de dos estrellas de neutrones que giran una sobre otra y emiten luz a intervalos regulares.

El período de rotación de una estrella sobre la otra es de sólo 8 horas y se observaba que su órbita disminuía de tamaño. Estas variaciones en la órbita significan una pérdida energética coincidente con una precisión del 99,5% con la predicha por la relatividad general para producir las ondas gravitatorias que supuestamente emitían, por lo que se consideran evidencia indirecta de su existencia.

Precisamente la concesión del Nobel de 1993 a Hulse y Taylor fue debida a la medida de la disminución del período de rotación de este sistema binario.

Cuatro científicos chinos, Wang, Zhu, Zhou y Zhang, han propuesto en diciembre de 2002, construir un radiotelescopio de 50 m para detectar las ondas gravitatorias que se espera encontrar como fruto de la emisión de una serie de 27 púlsares.

A pesar de los esfuerzos realizados para detectar directamente las ondas gravitatorias, aún no ha sido posible. Sin embargo, se espera conseguirlo. En junio de 2003, Joan M. Centrella, del laboratorio de Astrofísica de Alta Energía de la NASA (Maryland), decía: «[...] con el comienzo del siglo XXI, las observaciones de las ondas gravitatorias de fuentes astrofísicas, tales como agujeros negros, estrellas de neutrones y colapso estelar se espera que abran una nueva ventana en el universo. [...]»[9].

Cosmología

La cosmología o estudio del universo en su conjunto, experimentó un renacimiento con la Teoría general de la Relatividad, a raíz de unos comentarios publicados por Einstein en 1917 basados en su teoría. De ésta se extraían conclusiones que afectaban al modelo de universo imperante en la época, basado en las ideas de Newton.

En la teoría newtoniana tanto el espacio como el tiempo eran infinitos y absolutos. Se suponía el universo infinito con estrellas por todas partes. De esta manera cada estrella que se suponía estática era atraída por igual en todas las direcciones, y el universo se mantenía estático. Si no fuera así y la distancia entre dos estrellas, por ejemplo, disminuyera, entonces aumentaría la fuerza atractiva entre ellas, se acercarían, y a su vez atraerían más estrellas. Las condiciones anteriores eran necesarias para evitar que se produjera un colapso en el universo, que sería el resultado, por ejemplo, si el universo fuera finito. Se podría suponer que el universo era finito y se encontraba en expansión para evitar el colapso, pero Newton no poseía dato alguno que le pudiera inclinar por esta hipótesis. Esta imagen del universo infinito fue lo que cuestionó Einstein.

Einstein encontraba que la condición de contorno de un universo plano e infinito creaba dificultades para hallar una solución a las ecuaciones de la relatividad general: «Es ciertamente poco satisfactorio, postular sin motivos físicos una restricción de tal alcance»[10]. Por otra parte contra la idea de un espacio infinito y a favor de un universo cerrado, arguye, entre otras razones, la siguiente: «Un universo infinito sólo es posible si la densidad media de la materia es nula en él. Tal suposición es, desde luego, lógicamente posible, pero es menos verosímil que suponer que en el mismo hay una densidad finita de la materia»[11].

[9] Centrella, Joan M.: *Resource Letter : GrW-1 : Gravitational waves*, Am. J. Phys. 71(6), June 2003, p. 520.
[10] Wagner, Josef. *Lo que verdaderamente dijo Einstein*, *op. cit.*, p. 184, reproduce la cita de Einstein, Albert: *Grundzüge der Relativitätstheorie*, *op. cit.*, p. 6.
[11] Wagner, Josef: *Lo que verdaderamente dijo Einstein*, *op. cit.*, pp. 192-193, cita tomada de Einstein, Albert: *Grundzüge der Relativitätstheorie*, *op. cit.*, p. 70.

Einstein se inclina por otro modelo de universo. Un modelo cerrado, con una densidad media de materia constante, no nula, es decir con estrellas por todas partes, que juntamente con la Teoría general de la Relatividad permite obtener una fórmula para el radio del universo. Encuentra satisfactorio un modelo de universo esférico o elíptico, espacialmente cerrado, de curvatura constante, porque le parece más natural desde la perspectiva de la relatividad general, que el modelo sea cerrado.

Todo encaja con su Teoría general de la Relatividad, excepto que para que las ecuaciones de la relatividad le conduzcan a un modelo estático, que no está en expansión, se ve forzado a introducir en ellas un término, que será llamado «término cosmológico», habitualmente representado por Λ que contrarreste la fuerza atractiva de las estrellas. De otro modo el universo colapsaría. De la misma manera que si extraemos el aire del interior de un balón unas partes colapsarían con otras. El aire suministra esa fuerza repulsiva entre unas partes y otras. El término cosmológico haría la función del aire del balón. De este término dirá Einstein más tarde que fue «la peor idea de su vida». Sin embargo, los últimos descubrimientos no coinciden con esa valoración de Einstein sobre su peor idea.

Pocos años después, en 1929, el astrónomo Edwin Hubble (1889-1953) descubre la ley que lleva su nombre y que afirma que las galaxias lejanas se alejan todavía más con una velocidad que aumenta a medida que aumenta su distancia de nosotros. Esta ley era el fruto de las medidas realizadas con más de veinte galaxias. Así, si una galaxia se encuentra a cuatro mil años luz de nosotros, se aleja a una velocidad de 80.000 km/s, que es una velocidad enorme, superior a la cuarta parte de la velocidad de la luz.

Cuando Einstein visita a Hubble en 1931 en Pasadena (California) sale completamente convencido de la veracidad de dicha ley, y a partir de ese momento se convierte en un ferviente defensor del modelo del universo en expansión que se deduce de la citada ley. Incluso rectifica sus ecuaciones iniciales para eliminar el «término cosmológico» que había añadido.

Sin embargo, hay que decir que por una vez, los seguidores de la Teoría general de la Relatividad se habían adelantado a su maestro. Antes del descubrimiento de la ley de Hubble en 1929, y, por tanto, antes de que hubiera prueba experimental alguna de la expansión del universo, Friedmann y Lemaitre habían obtenido al final de la década de 1920 una solución de las ecuaciones de Einstein que conducía al modelo de universo en expansión, sin utilizar la constante cosmológica, y una explicación de la ley de Hubble.

A partir de la ley de Hubble y admitiendo su validez para el pasado, es decir, suponiendo que ese alejamiento de las galaxias se ha venido produciendo desde el pasado, se llega a la conclusión de que inicialmente toda la materia del universo estaba concentrada en un núcleo densísimo que experimentó una gran explosión o explosión primaria, conocida con el nombre inglés de *Big Bang*, que emitió materia y radiación en todas direcciones. En 1929 se llegó a precisar la fecha de esa gran explosión y se calculó que había ocurrido hacía más de dos mil millones de años y menos de tres mil millones de años. No pasó mucho tiempo antes de que se precisara más la fecha de la gran explosión o *Big Bang*. Medidas más exactas realizadas en 1952 fijaron la fecha de la gran explosión más lejos en el tiempo: hace unos 10.000 millones de años. Y como veremos pronto, medidas de gran precisión efectuadas en 2003 cifran la «edad» del universo en 13.700 millones de años con un error en la cifra de sólo el 1%.

Después de su visita a Hubble, en 1931, Einstein no dudó en rectificar su visión del «término cosmológico»: «[...] Si, cuando se estableció la Teoría de la Relatividad general, hubiese sido ya descubierta la expansión de Hubble, jamás se habría llegado a la introducción del término cosmológico»[12].

Como ya hemos explicado, en un universo estático, si el número de estrellas es finito se producirá un colapso debido a la fuerza atractiva entre ellas. Hemos visto cómo el modelo del universo en expansión evitaría ese final, pero también surgió otra teoría, denominada del estado estacionario, que proporcionaba otra explicación para evitar el colapso gravitatorio. Se basaba en la producción continua de materia para evitarlo, y al mismo tiempo se suponía que el mundo permanecía en un estado estacionario mediante esa creación de materia. Incluso se dio el nombre de agujeros blancos a esos puntos en los que se estaría creando materia, en clara alusión a que efectuaban una misión contraria a la de los agujeros negros. De esta forma se podía compaginar el movimiento de fuga de las estrellas, que dejarían espacios más grandes entre ellas, con una distribución homogénea de estrellas que se observa con los telescopios. Esta teoría fue defendida por científicos de primera línea hasta bien entrados los años 60 del siglo XX, pero actualmente ha dejado de competir con la teoría de la expansión del universo. Varios descubrimientos han determinado el abandono de la teoría del estado estacionario.

---

[12] Wagner, Josef: *Lo que verdaderamente dijo Einstein*, *op. cit.*, pp. 193-194, cita tomada de Einstein, Albert: *Grundzüge der Relativitätstheorie*, *op. cit.*, p. 84.

Entre ellos citaremos dos, que no tienen explicación con esa teoría y sí con la teoría del universo en expansión.

En primer lugar, la llamada «radiación de fondo cósmico de microondas». Consiste en un fenómeno descubierto en 1965 por Arno Penzias y Robert Wilson que encontraron con el radiotelescopio de Holmdel, Nueva Jersey (USA), una radiación constante igual en todas direcciones, como un ruido, de la misma forma que se oye una especie de ruido permanente en una radio cuando hay una tormenta. Ese misterioso ruido además de ser constante independientemente de la dirección, tampoco variaba con la hora ni con la estación. Llegaron a la conclusión de que esas ondas de radio que constituían el ruido no provenían de nuestra Vía Láctea. El dato preciso que tenían era la intensidad del ruido, que lo describieron en función de la «temperatura equivalente», ya que todo cuerpo con temperatura superior al cero absoluto emite ruido radioeléctrico. La explicación confirma la hipótesis del *Big Bang*, la gran explosión o explosión inicial. Estaríamos en presencia de radiación emitida en la explosión inicial cuya temperatura equivalente ha ido disminuyendo a medida que el universo se expansionaba, hasta llegar a la temperatura actual. Esta radiación cósmica de fondo de microondas es inexplicable con la teoría del estado estacionario. Se considera una prueba del modelo de universo en expansión.

Mencionaremos también como prueba a favor de la teoría de la explosión inicial (*Big Bang*), la proporción de hidrógeno y helio en las estrellas y galaxias. Se sabe que contienen aproximadamente tres veces más hidrógeno que helio, y esto se explica con la teoría del *Big Bang*

Ni la radiación de fondo de microondas ni la proporción de hidrógeno-helio pueden ser explicados con la teoría del estado estacionario. Además, no hay ninguna prueba de que se esté produciendo una creación continua de materia que es la base de la teoría del estado estacionario. Por otra parte, la teoría del *Big Bang* permite explicar los dos fenómenos mencionados además de explicar la ley de Hubble.

Completaremos el modelo de universo en expansión con algunas últimas consideraciones.

La teoría de la gran explosión permite una explicación de por qué ahora se están alejando las galaxias. Como dice Weinberg, premio Nobel de Física de 1979: «Las galaxias no se alejan unas de otras por alguna fuerza misteriosa que las empuja, así como la piedra que se eleva no es repelida por la Tierra. En cambio, las galaxias se apartan porque fueron arrojadas en el pasado por algún tipo de explosión».[13]

---

[13] Weinberg, Steven: *Los tres primeros minutos del universo*, Alianza Editorial, Madrid, 1978, p. 39.

¿Se puede prever algo del futuro del universo a la luz del modelo de expansión?

En primer lugar, parece natural pensar, que, aunque el universo se esté expansionando, como fruto de la gran explosión, siguen actuando las fuerzas atractivas entre las estrellas y las galaxias que irán frenando esa expansión hasta detenerla y proceder, a continuación, a una contracción hasta llegar al colapso gravitatorio, finalizando en lo que se denomina *Big Crunch* (literalmente, «El gran crujido»). En el ejemplo de Weinberg sería equivalente a una piedra lanzada desde la superficie terrestre que sube una determinada altura, se detiene y luego cae otra vez a la superficie terrestre. Pero si nos detenemos un poco más en el ejemplo de la piedra, también sería posible comunicarle una velocidad inicial tan grande que venciera la atracción gravitatoria y no regresara más, es decir, que llegara al infinito. Esto último sería más fácil si la atracción gravitatoria fuera pequeña y, cuanto menor fuera, más fácil sería lanzar la piedra que nunca retornara. Trasladado al modelo del universo en expansión significa que, el estar situado en el primer caso (*Big Crunch*) o en el segundo, depende de la fuerza de atracción entre la materia que compone el universo, esto es, de la densidad de materia. Esta densidad determinará la geometría del universo que a su vez conducirá a un destino o a otro para el universo.

Continuaremos exponiendo las diversas posibilidades de la teoría del universo en expansión.

Si la densidad de materia del universo excediera un cierto valor que se denomina densidad crítica, entonces el universo sería cerrado y finito. La curvatura del espacio sería positiva como la de la superficie de una esfera. Esto significa que un rayo de luz que parta de un punto volverá a pasar por el mismo punto. En este caso, como dice Breithaupt: «El universo se enfrenta a un futuro caliente y a un eventual fin, el llamado *Big Crunch*)»[14]. Las fuerzas gravitatorias frenarán la expansión del universo y producirán su contracción que al final conducirá a su colapso.

Si la densidad de materia del universo fuera menor que la densidad crítica, entonces el universo sería abierto y se hallaría en continua expansión que no se detendría nunca. La curvatura del espacio sería negativa, como la de la superficie de una silla de montar. En este caso, al ser la densidad de materia menor que en el caso precedente, las fuerzas gravitatorias no serían suficientemente intensas para frenar la expansión del universo, que continuaría expansionándose para siempre. Este des-

---

[14] Breithaupt, Jim: *Einstein. Guía para jóvenes, op. cit.*, p. 90.

tino se conoce con el nombre de *Big Yawn* (literalmente «El gran bostezo)».

Si la densidad de materia del universo fuera igual a la densidad crítica, entonces el universo sería plano. La curvatura del universo sería nula. La expansión del universo continuaría hasta detenerse en el infinito.

Como se puede apreciar, la densidad de materia juega un papel fundamental en cosmología. Dependiendo de cuál sea la densidad de materia en nuestro universo, le aguardará un final u otro. En primer lugar deberíamos saber cuál es la densidad crítica. Su valor es muy pequeño, aproximadamente de 6 protones por metro cúbico. Este valor es muy pequeño; en nuestros laboratorios diríamos que es un buen vacío.

Descubrimientos recientes, como la menor velocidad de rotación de las galaxias de la que su masa conocida predecía, y las dobles imágenes producidas por la desviación de los rayos de luz procedentes de estrellas lejanas al pasar cerca de galaxias, han indicado la posible existencia de una cantidad de materia en nuestro universo superior a la calculada inicialmente. Esto ha hecho introducir un concepto de materia nueva, que se denomina materia oscura (*dark matter*). Este tipo de materia no emite radiación ni ha sido detectada en el laboratorio. Se supone que solo actúa gravitatoriamente. Incluso en esta situación, si se computa también la materia oscura, que es seis veces más abundante que la materia ordinaria, seguimos teniendo una densidad de materia inferior a la crítica, y el futuro seguirá siendo el de la expansión eterna y «el gran bostezo». Sin embargo, se especula con la búsqueda de otra materia oculta[15] y la posibilidad de aproximarnos a la densidad crítica. Los datos obtenidos más recientemente señalan en esta dirección.

Vuelve a aparecer el nombre de Einstein en la cosmología más reciente. Veamos cómo.

En el modelo de universo en expansión, según lo que hemos dicho, la expansión del universo se ve frenada por la fuerza gravitatoria de atracción. Es decir, el universo se estará decelerando. Se ha tratado de medir esa deceleración recientemente y, sorprendentemente, el resultado ha sido que no se estaba decelerando, sino acelerando. Esto no tiene explicación en los modelos que hemos expuesto, lo que ha propiciado que muchos cosmólogos hayan reclamando la constante cosmológica de Einstein, que tenía las características de una fuerza repulsiva, capaz de contrarrestar la atracción gravitatoria. Si al universo en expansión se le añade la constante cosmológica se podría explicar la expansión acele-

---

[15] *Ibíd.*, p. 92.

rada del universo. También se ha introducido un concepto que puede realizar una función parecida, y se ha denominado energía oscura (*dark energy*). Se trata de una extraña forma de materia, que ejerce una presión negativa, o sea, una fuerza repulsiva y, en consecuencia, acelera la expansión del universo.

En la década de los años 80 Andrei Linde y otros físicos propusieron complementar la teoría del *Big Bang* con otra (teoría de la inflación) que consiste en suponer que una fracción de segundo después de la gran explosión sobrevino un período de una expansión del universo muy rápida (exponencial). Durante ese período el término de la constante cosmológica controlaría la densidad de energía del universo.

Una predicción de la teoría de la inflación más simple es que la densidad de materia del universo es muy próxima a la densidad crítica. Así pues estaríamos en el tercer caso de los explicados anteriormente. Con una densidad de materia en el universo igual a la densidad crítica, tendríamos que concluir que el universo es plano y continúa expandiéndose hasta el infinito. El modelo de la inflación junto con la constante cosmológica concuerda bien con muchas observaciones experimentales. Además, la introducción de la constante cosmológica conduce a resultados sobre la edad del universo que evitarán la paradoja de un resultado menor que el de algunas de las estrellas más viejas que se conocen.

En febrero de 2003 se hicieron públicos algunos resultados de los datos obtenidos por la sonda MAP (Sonda anisotrópica de microondas, también llamada WMAP, Wilkinson Microwave Anisotropy Probe) de la NASA, que partió de la Tierra el 30 de junio de 2001. Entre ellos podría contarse el de una reivindicación de la famosa constante cosmológica de Einstein, pues sus datos parecen confirmar la teoría de la inflación del universo. En primer lugar, fija el nacimiento del universo (*Big Bang*) hace 13.700 millones de años (con un error de sólo un 1%). También establece la formación de las primeras estrellas 200 millones después del *Big Bang*. Y las mencionadas materia oscura y energía oscura constituirían, entre ambas, el 96% del universo. De ese 96%, un 23% sería materia oscura, y el restante 73%, energía oscura. Solamente quedaría, por tanto, un 4% para la materia ordinaria que conocemos.

Estos datos vienen avalados por la imagen tomada por la sonda, de las variaciones (millonésimas de grado) de la temperatura de la radiación de fondo de microondas entre unos lugares y otros. La imagen conseguida corresponde al universo cuando aún no se habían formado estrellas ni galaxias. Es como si esta radiación de fondo fuera como un fósil del cual podemos obtener consecuencias sobre el estado anterior del universo. Y esta vez la sonda MAP lanzada a una distancia de 1,6 millones de kilómetros nos ha traído una imagen correspondiente a 380.000 años después

177

del *Big Bang*, que, aunque puede parecer una cantidad grande, no es prácticamente nada comparada con los 13.700 millones de años que tiene el universo. Sería equivalente a la fotografía que se hizo de una persona de 80 años cuando era un recién nacido en su primer día de vida.

Para concluir con este modelo de universo resumamos la imagen obtenida: el *Big Bang* ocurrió hace 13.700 millones de años. Una fracción de segundo después se produjo el fenómeno de la *inflación* y aparecieron los primeros *quarks* (partículas elementales que forman los protones y los neutrones) y electrones. Un segundo después, la temperatura era aproximadamente de diez mil millones de grados. El universo en esos instantes era muy caliente, y estaba lleno de protones, neutrones, electrones, positrones, fotones y neutrinos. El universo se fue enfriando y se formaron los primeros átomos de deuterio. En los tres primeros minutos surgen los átomos de helio a partir del deuterio. Y también aparece litio. Esta formación de elementos ligeros se conoce con el nombre de «Nucleosíntesis del *Big Bang*» y significa otro éxito para la teoría del *Big Bang*. Ya próximos a la imagen de la sonda, unos 300.000 años después del *Big Bang*, aparecerá luz procedente de los primeros átomos. Ahora ya cambiamos de orden de magnitud de estos tiempos y nos vamos a 200 millones años después del *Big Bang*, en que se forman las primeras estrellas. Hasta ahora se pensaba que eran 700 millones de años. También se sitúa en ese momento (200 millones de años) la aparición de los cuásares y los primeros agujeros negros. Y, por último, se establece en unos 10.000 millones la fecha en que aparece nuestro Sistema Solar y la Tierra.

Los resultados de la sonda MAP suponen una confirmación de la teoría de la inflación, que, según comentó Andrei Linde, parecía ciencia ficción cuando se propuso y no esperaban que se verificara durante su vida.

Estos resultados también suponen una reivindicación de lo que Einstein consideró la peor idea de su vida: «la constante cosmológica».

CRONOLOGÍA

1879 — El 14 de marzo nace Albert Einstein en Ulm (Alemania).

1880 — La familia se traslada a Múnich, donde Albert asiste a un colegio público.

1889 — Al cumplir Einstein los diez años lo cambian al Instituto (*Luitpold Gymnasium*) de Múnich.

1894 — Cuando Albert cuenta 15 años, la fábrica de su padre y su tío comienza a tener dificultades. Deciden trasladarse a Pavía (cerca de Milán) en Italia.

1895 — Suspende los exámenes de ingreso en la ETH (la Politécnica) de Zúrich. Durante el curso 1895-96 se prepara en la Escuela Cantonal de Aarau para su ingreso en la ETH de Zúrich.

1896 — En septiembre aprueba el tercer curso de la Escuela Cantonal de Aarau y obtiene el diploma el 3 de octubre. Ello le permite ingresar en la Politécnica sin examen previo.

— Desde octubre de 1896 hasta agosto de 1900, estudiará en la ETH de Zúrich y obtendrá el diploma correspondiente.

1901 — El 21 de febrero Einstein obtiene la ciudadanía suiza. Encuentra su primer empleo como profesor suplente de matemáticas en la Escuela Técnica de Wintherthur. En otoño encuentra un trabajo como preceptor de unos niños que terminaban la enseñanza media en un internado en la localidad de Schaffhausen.

1902 — En enero nace Lieserl, hija de Einstein y Mileva Maric, cuya pista se ha perdido.

— El 23 de junio empieza su trabajo como técnico especialista de tercera clase en la Oficina de Patentes de Berna.

— El 10 de octubre muere su padre en Milán.

1903 — El 6 de enero se casa con Mileva Maric. Conoce a Maurice Solovine, que más tarde será traductor de sus obras al francés. Funda la Academia Olimpia con Maurice Solovine y Konrad Habicht.

1904 — El 14 de mayo nace su hijo Hans Albert († en 1973), que estudiará ingeniería y será profesor de Hidráulica en Berkeley (California, Estados Unidos).

1905 — Publica cinco artículos en los *Annalen der Physik* que revolucionarán la física. Los más conocidos son: uno sobre *el movimiento browniano,* otro sobre *la hipótesis cuántica de la luz* y el que trata sobre la *Relatividad especial*. También se doctora por la Universidad de Zúrich.

1906 — Asciende a técnico especialista de segunda clase en la Oficina de Patentes de Berna.

1907 — Descubre *el principio de equivalencia.*

1908 — El 28 de febrero obtiene el puesto de profesor extraordinario en la Universidad de Berna.

1909 — Abandona la Oficina de Patentes de Berna. El 15 de octubre se incorpora a la Universidad de Zúrich.

1910 — Nace su hijo, Edouard, el 28 de julio († en 1965 en el hospital psiquiátrico Burghölzli).

1911 — La Universidad alemana de Praga (Karl-Ferdinand) le ha ofrecido una cátedra de física, y allí se trasladará en marzo.

— Del 30 de octubre al 3 de noviembre se celebra en Bruselas el Primer Congreso de Solvay, que reúne a los científicos más relevantes del momento. Einstein recibe una invitación para participar.

— En este año tiene la idea básica de la relatividad general y predice la curvatura de los rayos de luz.

1912 — Regresa a Zúrich, donde la ETH de Zúrich (la Politécnica en la que estudió) le ha ofrecido un puesto de catedrático de Física.

1913 — Publica con su amigo Marcel Grossmann *Bosquejo de una Teoría de la Relatividad generalizada y de la Gravitación.*

— Einstein ingresa en la Academia Prusiana de Ciencias de Berlín. Será también designado catedrático de la Universidad de Berlín, pero no tendrá más obligaciones docentes que las que él desee.

1914 — Los cuatro miembros de la familia Einstein se trasladan a Berlín en abril.

— Se separa de su esposa Mileva, que regresa a Zúrich con sus dos hijos.

— Firma un manifiesto pacifista y participa, además, como socio fundador en la liga pacifista «Nueva Patria», que posteriormente pasará a denominarse «Liga alemana pro derechos del hombre».

1916 — Publica un artículo sobre la relatividad general en la misma revista en que había publicado la relatividad especial: *Annalen der Physik*, con el título: «El fundamento de la Teoría general de la Relatividad».

1917 — Escribe su primer artículo sobre cosmología.

— Sufre importantes problemas hepáticos y una úlcera de estómago, juntamente con debilidad general, que le durarán hasta 1920. Su prima Elsa lo cuidará.

— Es nombrado director del Instituto de Física Kaiser Wilhelm de Berlín.

1918 — La Universidad de Zúrich y la ETH de Zúrich le hacen una oferta conjunta. Einstein se disculpa por rechazarla.

1919 — El astrónomo oficial británico, Eddington, organizó dos expediciones científicas para comprobar la teoría general de la relatividad de Einstein durante el eclipse del 29 de mayo. Einstein había predicho que los rayos de luz al pasar cerca del Sol sufrirían una desviación de 1,7" de arco. La confirmación del resultado de Einstein lo convirtió en una celebridad mundial.

— Pasa varios meses dando cursos en la Universidad de Zúrich.

— Se divorcia de Mileva el 14 de febrero.

— El 2 de junio se casa con su prima Elsa.

— La madre de Einstein enferma se instala en casa de Albert. Allí permanecerá hasta su muerte.

1920 — Muere la madre de Einstein en marzo en casa de su hijo.

— Einstein conocerá al científico danés Niels Bohr con el que mantendrá una amistad hasta el final de su vida, y al mismo tiempo una controversia sobre la física cuántica que se ha hecho célebre.

— Es nombrado profesor visitante en la Universidad de Leiden (Holanda).

1921 — Einstein viaja por primera vez a Estados Unidos con un éxito multitudinario. Es recibido por el presidente de los Estados Unidos, Warren Harding, en Washington. Acompaña durante el viaje a Chaim Weizmann con objeto de recaudar fondos para la Universidad Hebrea de Jerusalén. Visita también la Universidad de Columbia, Chicago, Boston y Princeton, donde pronuncia cuatro conferencias sobre la Teoría de la Relatividad. Al regreso visita Inglaterra y la tumba de Newton.

1922 — Habla en Société Française de Philosophie en presencia del filósofo Henri Bergson, que discrepa del concepto de simultaneidad propuesto por Einstein. Su visita a Francia contribuye a normalizar las relaciones germano-francesas.

— Es designado miembro de la *Commision pour la Cooperation Intellectuelle* de la Liga de Naciones, organismo de la Sociedad de Naciones.

— En noviembre es recibido en Japón por la Emperatriz que conversará con él en francés.

— Recibe el premio Nobel de Física del año 1921 por «sus contribuciones a la física teórica y especialmente por su descubrimiento de la ley del efecto fotoeléctrico».

1923 — Viaja por primera vez a Palestina, donde permanecerá doce días. Se le nombra primer ciudadano honorario de Tel Aviv.

— Visitará por primera y última vez España.

— En julio de 1920, Santiago Ramón y Cajal había invitado formalmente a Einstein en nombre del ministro de Instrucción Pública.

— En febrero de 1923 Einstein viaja a Barcelona, donde pronunciará tres conferencias.

— El jueves 1 de marzo parte hacia Madrid.

— El 4 de marzo Einstein recibirá el título de Académico correspondiente de la Academia de Ciencias. Permanecerá en Madrid 10 días, donde será recibido por el rey Alfonso XIII.

— El 8 de marzo es investido *Doctor Honoris Causa* por la Universidad Central de Madrid.

— También visitará Zaragoza, donde pronunciará dos conferencias.

— En 1933 el Consejo de Ministros del gobierno español aprobará la creación de una cátedra extraordinaria para Einstein en la Universidad Central de Madrid.

1925 — Einstein viaja a Sudamérica durante los meses de mayo y junio. Visitará Buenos Aires (Argentina), Río de Janeiro (Brasil) y Montevideo (Uruguay).

— Firma un manifiesto contra el servicio militar obligatorio juntamente con Gandhi, Tagore, Wells, Unamuno y otros.

1927 — Se casa su hijo Hans Albert en Dortmund.

— Se celebra la Quinta Conferencia Solvay, y en ella comenzará la famosa polémica de Einstein con Bohr sobre el fundamento de la mecánica cuántica.

1928 — Sufre problemas de salud (por agotamiento físico) que le obligan a guardar cama durante 4 meses. Padece una dilatación del corazón. Estos contratiempos le deciden a contratar a una secretaria, Helen Dukas, que el 13 de abril comenzará a trabajar con él y permanecerá a su lado hasta su muerte.

1929 — Visita a la familia real belga e inicia una amistad con la reina Isabel, con quien mantendrá correspondencia hasta el fin de su vida.

1930 — La Escuela Politécnica de Zúrich, en la que él estudió, le concede el *doctorado Honoris Causa*.

— Nace su primer nieto, hijo de Hans Albert.

— Recibe una invitación para dar un curso durante el invierno de 1930-31 (diciembre de 1930-marzo de 1931) en el Instituto de Tecnología de California (Institute of Technology of California, abreviadamente conocido como CalTech.). Está situado en Pasadena. Acepta la invitación y embarca para Estados Unidos en diciembre. El alcalde de Nueva York le concede las llaves de la ciudad.

— También visita Cuba durante los días 19 y 20 de diciembre.

1931 — En primavera los Einstein regresan a Berlín.

— Einstein escribe a Sigmund Freud. Se produce un intercambio de cartas abiertas que se publicará en 1933.

— En diciembre Einstein se embarcará por tercera vez para Estados Unidos, donde se quedará hasta marzo de 1932 dando conferencias en el CalTech.

1932 — Einstein acepta una cátedra en el Instituto de Estudios Avanzados de Princeton. En diciembre se marchará de Alemania y nunca más volverá.

1933 — Einstein declara que no volverá a Alemania después de la llegada de Hitler al poder.

— Dimite de la Academia Prusiana de Ciencias

— Pasa la primavera y verano en Bélgica.

— En octubre embarca en Southampton con destino a Nueva York. Llega a Nueva York, y de allí se traslada a Princeton (Nueva Jersey, Estados Unidos), que será su hogar durante el resto de su vida, (casi 22 años).

1934 — Muere Ilse, hijastra de Einstein, en París.

— La otra hijastra, Margot, y su marido se trasladan a Princeton con Einstein.

1935 — Einstein sale por última vez de Estados Unidos. Viaje breve a Las Bermudas para solicitar la ciudadanía estadounidense.

1936 — Muere su amigo Marcel Grossmann.

— Muere su esposa Elsa.

— Su hijo mayor, Hans Albert, con el que las relaciones no siempre habían sido buenas, se doctora en ciencias técnicas en la ETH de Zúrich.

1939 — Einstein escribe, siguiendo el consejo de varios especialistas, la famosa carta al presidente Roosevelt sobre la bomba atómica.

— Maja, la hermana de Albert, con la que siempre había estado muy unido, se traslada a vivir con él a Princeton.

1940 — El 7 de marzo de 1940 vuelve a escribir una carta al presidente Roosevelt sobre el mismo tema.

— Einstein recibirá la ciudadanía estadounidense, juntamente con su hijastra Margot y su secretaria Helen Dukas.

1943 — Después de la entrada de los Estados Unidos en la Segunda Guerra Mundial, Einstein acepta el cargo de consejero de Munición y Explosivos de la Oficina Naval de Estados Unidos. Su sueldo será de 25 dólares diarios.

1944 — Para ayudar a obtener fondos para la guerra, Einstein vuelve a escribir a mano el artículo sobre la relatividad, que se había publicado en 1905. Se subastará y alcanzará el valor de seis millones de dólares.

1945 — Bomba atómica sobre Hiroshima el 6 de agosto.

1946 — Enferma Maja, la hermana de Einstein.

1948 — Muere Mileva, su primera mujer, en Zúrich el 4 de agosto.

1950 — Hace testamento.

1951 — Muere su hermana Maja, en junio, después de permanecer cinco años en cama.

1952 — Le ofrecen a Einstein la presidencia del estado de Israel, que rechaza.

1954 — Einstein se encuentra por última vez con Bohr en Princeton.

1955 — El último acto público de Einstein constituye la firma del manifiesto sobre la amenaza nuclear, conjuntamente con Bertrand Russell.

— El 15 de abril, Einstein ingresa en el hospital de Princeton.

— El 18 de abril, pasada la una de la madrugada, muere Albert Einstein.

BIBLIOGRAFÍA

A. Biografías generales

FRANK, PHILIPP: *Einstein*, José Janés Ed., Barcelona, 1949.
El propio Einstein animó al autor este libro. Está considerada como una de las mejores. No se necesitan conocimientos de física o de matemáticas.

SEELIG, CARL: *Albert Einstein*, Espasa Calpe, Madrid, 1968.
Biografía clásica, escrita por un periodista amigo de Einstein. Se lee con facilidad. No requiere formación científica.

HOFFMANN, BANESH: *Einstein*, Salvat, Barcelona, 1984.
El autor trabajó con Einstein en Princeton. Sencilla y amena.

PAIS, ABRAHAM: *El Señor es sutil... La ciencia y la vida de Albert Einstein*, Ariel, Barcelona, 1984.
El autor convivió con Einstein durante varios años en el Instituto de Estudios Avanzados de Princeton. Obra muy completa y voluminosa. Muchos capítulos requieren una formación en física y matemáticas.

KUZNETSOV, BORIS: *Einstein. Vida. Muerte. Inmortalidad.* Editorial Progreso, Moscú, 1990.
La primera mitad es la biografía de Einstein, la segunda aborda temas específicos. No usa formulación matemática.

MICHELMORE, PETER: *Einstein, perfil de un hombre.* Editorial Labor, Barcelona, 1966.
El autor conoció a Einstein en sus años de estudiante en Zúrich, y preparó la biografía con los datos aportados por su hijo Hans Albert. No se requiere formación física o matemática para leerla.

MERLEAU-PONTY, JACQUES: *Albert Einstein. Vida, obra y filosofía.* Alianza Editorial, Madrid, 1994.
Aproximadamente la tercera parte inicial trata de la vida de Einstein. El resto, se dedica a la obra científica y a la filosofía.

PAPP, DESIDERIO: *Einstein. Historia de un espíritu.* Espasa Calpe, Madrid, 1978.

Además de la vida de Einstein, analiza su pensamiento científico de una forma clara sin utilizar formulación matemática.

HIGFIELD, ROGER AND CARTER, PAUL: *Las vidas privadas de Einstein*, Espasa Calpe, Madrid, 1996.

Visión desmitificadora de la vida de Einstein. Accesible a todo tipo de lector.

B.   Otras obras de interés

EINSTEIN, ALBERT.: *Notas autobiográficas*, Alianza Editorial, Madrid, 1984.

Muy interesante para conocer el pensamiento de Einstein sobre temas científicos. Obra breve.

BREITHAUPT, JIM: *Einstein, guía para jóvenes*, Lóguez Ediciones, Salamanca, 2001.

Centrada en los aspectos científicos de la obra de Einstein, no se requieren conocimientos previos de física o matemáticas para leer las 98 páginas de esta obra claramente sintetizada.

BALIBAR, FRANÇOISE: *Einstein. El gozo de pensar*, Ed. B.S.A., Barcelona, 1999.

Escrito por una especialista, es un libro conciso, claro y riguroso sobre el contenido de los descubrimientos de Einstein. Las 144 páginas del libro están al alcance de cualquier lector.

FRENCH, ANTHONY PHILIP: *Einstein. A Centenary Volume*, Edited by A. P. French, Heinemann, London, 1979.

Contiene muchos artículos cortos escritos por prestigiosos especialistas. Cada uno relata su recuerdo de Einstein. Al alcance de todos.

GLICK, THOMAS, F.: *Einstein y los españoles*, Alianza Editorial, Madrid, 1986.

Un estudio completo y riguroso sobre el tema. De fácil lectura.

FRED JEROME: *El expediente Einstein,* Planeta, Barcelona, 2002.

Un estudio muy documentado sobre el expediente que el FBI abrió para investigar a Einstein. Obra voluminosa de amena lectura.

DAVID BODANIS: *E=mc² La biografía de la ecuación más famosa del mundo*. Ed. Planeta, Barcelona, 2002.

Libro documentado y rigurosos. Obra divulgativa, clara y precisa. Accesible a todo tipo de público.

The Collected Papers of Albert Einstein, Princeton University Press, Princeton, New Jersey, 1987.

Una colección de varios volúmenes con reproducciones de los documentos originales de Einstein, incluidos los científicos, y de otras personas que se relacionaron con él.

HOLTON, GERALD: *Einstein, historia y otras pasiones,* Taurus, Madrid, 1998.

Dedica a Einstein una interesante segunda parte del libro.

HOLTON, GERALD: *Ensayos sobre el pensamiento científico en la época de Einstein*, Alianza Editorial, Madrid, 1982.

Estudio riguroso y ameno escrito por una autoridad en el tema.

SÁNCHEZ RON, José Manuel: *El origen y desarrollo de la Relatividad,* Alianza Editorial, Madrid, 2ª ed., 1985.

Análisis muy riguroso escrito por un prestigioso historiador de la Ciencia. Esta interesante obra necesita para su lectura, en su mayor parte, conocimientos de física y matemáticas.

EINSTEIN, ALBERT E INFELD, LEOPOLD: *La Física aventura del pensamiento*, Ed. Losada, Buenos Aires, 1939.

Obra pensada para todos los lectores interesados por la física. Fue un best seller en su época cuando se publicó en inglés.

WAGNER, JOSEF. *Lo que verdaderamente dijo Einstein*, Ed. Aguilar, México, 1974.

Análisis del contenido de algunas partes de las teoría de Einstein, estudiado a partir de las palabras literales de Einstein. Libro interesante que no usa formulación matemática.

REAL ACADEMIA DE CIENCIAS EXACTAS, FÍSICAS Y NATURALES: *Conmemoración del centenario de Einstein*, 2ª ed. Madrid, 1987.

Esta obra contiene todas las conferencias que se pronunciaron en 1979 en la Academia con motivo del centenario del nacimiento de Einstein.

HEISENBERG, WERNER: *Encuentros y conversaciones con Einstein y otros ensayos,* Alianza Editorial, Madrid, 1980.

Solamente una pequeña parte, la última, trata de Einstein. Lo hace de forma clara y amena. Su autor fue premio Nobel.

POPPER, KARL R.: *Búsqueda sin término,* Alianza Editorial, Madrid, 2002.

Sólo una pequeña parte del libro guarda relación con Einstein, pero tiene el interés de su enfoque filosófico y la categoría de su autor.

WEINBERG, STEVEN: *Los tres primeros minutos del universo*, Alianza Editorial, Madrid, 1978.

Destacable y destacada obra escrita por un premio Nobel, en lenguaje claro y ameno accesible a todo tipo de lector.

EINSTEIN, ALBERT: *Relativity,* Methuen & Co, 1970.

Esta obra de divulgación escrita por Einstein en 1916 y revisada en 1952, tiene el interés de que permite apreciar lo que debe ser la presentación correcta de su propia teoría de la relatividad. Apenas usa formulación matemática, y Einstein decía que podría entenderlo cualquier persona que hubiera estudiado el bachillerato. Existe traducción efectuada por Alianza Editorial, Madrid, 2000 (última ed.).

C) Internet

Basta escribir el nombre de Einstein en cualquier buscador para tener acceso a mucha información sobre el personaje, pero queremos resaltar la siguiente dirección:

<http://www.albert-einstein.org>.

En ella se pueden encontrar multitud de escritos relativos a Einstein y del propio Einstein, archivos de audio con su voz y un vídeo de Einstein pronunciando un pequeño discurso en los últimos años de su vida, donde se puede apreciar su acento alemán al hablar inglés, así como su contagiosa risa.

ÍNDICE

El perihelio de Mercurio
Desplazamiento hacia el rojo
Los agujeros negros
Ondas gravitatorias
Cosmología